비평가의 책 읽기

비평가의 책 읽기

일본 문예비평가
고바야시 히데오 에세이
유은경, 이재창 옮김

일러두기
- 이 책은 『고바야시 히데오 전 작품小林秀雄全作品』(新潮社)을 토대로 고바야시 히데오의 독서론을 독자적으로 구성한 『讀書について』(東京: 中央公論新社, 2013)를 완역한 것이다.
- 본문에서 고딕체로 표시된 곳은 원문에서 방점으로 강조한 글자이다.
- 주는 모두 옮긴이의 주이다.

차례

1

독서에 대하여	9
작가 지망생을 위한 조언	21
문장 감상의 자세와 방법	28
독서 제대로 즐기기	38
독서주간	47
책이라는 반려	54
국어라는 큰 강	55
가야노다이라를 다녀와서	61
미를 추구하는 마음	71

2

말하기와 글쓰기	87
문장에 대하여	98
나의 문장 쓰기	101
비평과 비평가	109
비평에 대하여	111
비평	116

3

문화에 대하여   125
대담—교양이란   133

발표 지면   153
옮긴이의 말   154
편집 후기   161

독서에
대하여

나는 고등학교* 시절에 특이한 독서법을 실행했다. 등하굣길에 읽는 책, 전차 안에서 읽는 책, 교실에서 몰래 읽는 책, 집에서 읽는 책, 이런 식으로 구별을 두고, 늘 몇 가지 책을 병행하여 읽을 수 있도록 안배했다. 실로 터무니없다고 할 만한 행동이었지만, 그 당시의 도를 넘은 왕성한 지식욕과 호기심은, 느긋하게 책 한 권을 다 읽고 나서 다른 책을 펼쳐볼 여유조차 용납하지 않았던 것이다.

하지만 사상의 방향도 복잡다단해지고, 신간 서적의 수도 종류도 엄청나게 늘어난 오늘날, 책을 읽는 방법이라고

---

*   현재의 대학교 교양학부에 해당하는 교육기관(3년)으로 전국에 8개밖에 없었다. 도쿄에는 제1고등학교가, 나고야에는 제8고등학교가 있었다. 저자는 1921년 제1고등학교에 입학했다.

나 할까 독서법에 대해 갈피를 못 잡는 수많은 젊은이들을 보면, 무턱대고 도전해본 나의 독서법이 의외로 터무니없는 짓이 아니었을지도 모른다는 생각이 든다. 어쩌면 독서욕에 사로잡힌 청년에게는 최상의 독서법일지도 모른다.

남독濫讀의 해가 거론되기도 하지만, 이렇게 책이 홍수처럼 쏟아져 나오는 시대에 남독을 하지 않는 것은 생각이 짧은 탓이리라. 남독으로 쌓인 천박한 지식의 축적은, 남독하고 싶다는 일념에 불타고 있는 한 피해를 주지 않는다. 남독욕마저 상실해버린 사람이 남독의 해 운운하는 것도 우스운 이야기다. 더구나 내 경험에 비춰보면, 책이 너무 많아서 못 읽겠다고 투덜거리는 학생은 대체로 책을 읽다 마는 버릇이 있다. 남독조차 하지 않는 것이다.

남독하려고 애쓰다 보면, 남독에 아무런 해가 없음을 알게 된다. 오히려 한때 남독을 경험해보지 못한 사람은, 훗날 독서를 진정한 즐거움으로 느끼지 못할 것 같은 생각마저 든다. 독서의 첫 번째 기술은 이것저것 가리지 않고 닥치는 대로 읽음으로써 배양되기 때문이다.

- - -

글쓰기에 기술이 필요하듯이 책을 읽는 데도 기술이 필요하다. 문학에 뜻을 둔 사람 대다수는 글을 잘 쓰고자 궁리하는 데에만 정신이 팔려 있다. 작가라고 불리게 된 사람들 중에도 책을 제대로 읽을 줄 아는 사람은 의외로 많지 않다.

책을 제대로 읽을 궁리는 누구에게 보여주기 위한 게 아니기 때문에, 다시 말해서 자문자답을 하며 스스로 즐기려는 궁리이기 때문에, 이런 궁리를 하는 데는 별다른 재능이 필요 없다. 그런데도 아무도 하고 싶어 하지 않는다. 어찌 됐든 특별한 재능이라는 걸 몽땅 글쓰기에 쏟아붓고 싶어 한다. 이런 조그만 허영심만으로 톨스토이든 발자크든 붙잡고 있을 뿐이다. 그런고로 글쓰기에 가망이 없다고 포기할 때 독서라는 즐거움도 거기서 끝나버린다.

한 작가의 전집을 읽는 건 아주 좋은 방법이다. 그 작가에 대해 연구라도 할 작정이 아니라면 전집 읽기는 그야말로 쓸데없는 짓이라고 여겨지기 십상이지만 결코 그렇지 않다. 책 읽는 즐거움의 원천에는 "글은 곧 그 사람이다"라는 말이 있는데, 이 말의 깊은 뜻을 이해하기 위해서는 전집을 읽는 게 가장 손쉽고도 확실한 방법이다.

일류 작가라면 누구라도 좋다, 자신이 좋아하는 작가면 된다. 작품이 너무 많은 작가는 다 읽기 힘드니까, 작품 수가 적당한 사람을 하나 고르면 된다. 그 사람의 전집을 일기나 편지에 이르기까지 모조리 읽어 보는 거다.

그렇게 해보면 일류 작가라는 인물이 얼마나 다양한 일을 시도했고, 많은 생각을 거듭했는지를 알게 된다. 그의 대표작이라고 불리는 작품들이, 그가 생각하고 있던 얼마나 많은 사상을 밑거름으로 삼은 결과 탄생된 것인지도 납득하게 된다. 단순하게만 생각했던 작가의 모습은, 이 사람에게 이런 말이 있었나, 이런 사상이 있었나 하는 놀라움으로 산산조각 나버릴 것이다. 그 작가의 성격이라든가 개성이라는 게 표면적으로 뻔히 보이는 것만이 다가 아니라, 내면의 깊고 어두컴컴한 곳을 손으로 더듬거리며 찾아봐야만 알 수 있다는 걸 깨닫게 될 것이다.

내가 억지 주장을 펴려는 게 아니라 경험상 하는 말인데, 그렇게 암중모색하다 보면 저절로 저자와 만나게 된다. 꼭 누군가의 소개가 있어야만 상대를 알게 되는 것은 아니다. 그렇게 어두컴컴한 곳에서 얼굴은 똑똑히 알 수 없으나 손만은 확실하게 잡았다는 식으로 체득하다 보면, 작가의 걸작이니 실패작이니 하는 구별도 별 의미가 없다기보다 아주 짧은 글로도 작가라는 인간의 전모를 느낄 수 있게 된다.

이것이 바로 "글은 곧 그 사람이다"라는 말의 진짜 의미다. 그 말은 즉 글은 눈앞에 있고, 사람은 그 이면에 있다는 뜻이다.

"글은 곧 그 사람이다" 정도는 누구나 다 아는 말이라고 여기겠지만, 실은 '개는 문장을 못 쓴다'는 것을 아는 수준인 경우가 많다.

책이 책으로 보이지 않고 책을 쓴 사람으로 보이기까지는 상당한 시간과 노력이 필요하다. 사람으로부터 나와서 글이 된 것을 다시 원래 쓴 사람에게로 되돌리는 일, 독서의 기술이라는 것 역시 시간과 노력을 들이는 수밖에 없다. 애초에 명확한 절차를 밟아온 결과물이 아니기 때문에 원래대로 되돌려 놓는 정확한 방법이 있을 리 없다.

요컨대 독자는 암중모색해야 한다. 창작한 사람을 찾기 위해 창작한 사람의 흉내를 내보는 것이다. 작가라는 사람을 잘 알기 위해서는 그 작가와 관련된 전기나 기타 연구서를 읽거나 그 시대의 역사를 알아보는 등의 다양한 방법도 있다. 하지만 그것은 바둑이나 장기로 말하자면 정석定石과 같은 것이다. 정석이라는 것은, 정확하게 승부를 가르기 위해서 고안된 게 틀림없지만, 실제로는 승부의 부정확한 점이나 애매한 점을 더욱 아슬아슬한 매력으로 끌어올리는 작용이 있을 뿐이다. 인간은 엄정한 지력智力을 기울이며 애매함 속에서 노닐도록 만들어져 있다.

독서백편 의자현讀書百遍 義自見*이니 독서삼도讀書三到**니 하는 독서에 관한 막연한 교훈에는 좀 더 깊은 의미가 담겨 있다. 전무후무할 독서의 달인 생트 뵈브$^{C.\ A.\ Sainte-Beuve}$도 막연한 표현을 매우 싫어했지만, 독서에 관해서는 역시 애매한 교훈밖에 남기지 않았다. "인간을 잘 이해할 수 있는 방법은 단 한 가지밖에 없다. 그들을 성급하게 판단하려 들지 말고 그들 곁에서 지내며 그들이 생각하는 바를 스스로 말하게 하고, 나날이 발전하게 하여 마침내 그들 내면에 그들이 자화상을 그려낼 때까지 기다리는 것이다.

고인이 된 작가라도 마찬가지다. 읽어라, 천천히 읽어라, 그 흐름에 몸을 맡겨라. 마침내 그들은 그들 자신의 언어로 그들 자신의 모습을 또렷하게 그려내기에 이를 것이다."

왜 이런 교훈이 예사롭지 않은 의미를 갖느냐 하면, 임시변통적인 지식의 도움을 빌리지 않고, 직접 타인을 아는 것이야말로 실은 진정한 자기 자신을 알게 되는 길이기 때문이다. 인간은 자신을 알기 위한 도구로서 타인이라는 거울만을 갖고 있을 뿐이다. 자기반성이라든가 자기분석이라고 하는 낭만파 문학의 특성은 감상感傷과 허영으로 가득 찬,

---

* 어려운 책이라도 백 번만 되풀이해 읽으면 저절로 의미를 알게 된다는 뜻. 『삼국지』 위지(魏志)·왕숙전(王肅傳)의 주석에서.
** 책을 읽고 이해하기 위해서는 잘 보고, 목소리를 내고, 마음을 집중시켜 숙독해야 한다는 뜻. 주희(朱熹)의 『훈학재규(訓學齋規)』에서.

가공의 미숙한 기법에 지나지 않는다.

- - -

책상 위에 있는 잡지 『사상思想』(3월호)을 펼치다가 이런 문장을 만났다.

"나는 왜소하고 비만인 추남인 데다 또 그와 비례해서 나태한 정신 상태를 가진 자신이 말할 수 없이 혐오스럽다. 그래서 타인의 몸을 빌리면 이런 마음이 잠시나마 몹시 즐거워진다. 나는, 자신을 쉽게 잊고 타인의 기분이 들게 해준다는 점에서, 영화관의 우리가 앉아 있는 장소가 컴컴하고 스크린만 밝은 데에 감사한다. 필름은 어떤 특정한 속도로 돌아간다. 그것은 관객들의 심리를 일정한 목표치로 이끌기 위해서인데, 나는 이런 점에서도 매우 손쉽게 또다시 타인이 되는 걸 의식한다. 스크린에 꽉 차게 클로즈업된 미녀의 얼굴. 그 얼굴은 마치 내 코앞 60센티미터까지 여자를 데려다 놓은 기분이 들도록 만들고, 그녀의 그 의미심장한 눈빛은 내 눈빛에 화답해주는 것만 같아 흥분된다. 그럴 때, 나는 확실히 내가 아니다."*

---

* 하세가와 치아키, 「꿈과 영화」, 『사상』, 이와나미쇼텐, 1939년 3월호.

글쓴이는 반어법을 쓸 생각이었는지 모르겠으나, 현대인의 심리적 증상의 사례라고 할 만한 문장이다. 굳이 '증상의 사례'라고 규정한 것은, 이처럼 자신을 잊어버리는 데에는 타인이 된 느낌만 들면 된다, 그러기 위해서는 직접 행동하지 않고 외부의 자극에 복종하는 게 가장 효과적이라는 심리는 아무리 생각해봐도 건전하다고는 할 수 없기 때문이다. 현대인의 심리 지옥도는, 그 대부분이 하나같이 그런 경향의 산물이고, 현대의 연애소설 같은 것을 봐도 알 수 있듯이, 현대 소설가의 경박한 심리묘사에 많은 재료를 제공하고 있는 것도 바로 그런 경향이다.

스스로 행동함으로써 나를 잊어버린다. 바꿔 말하면, 온전한 자기 자신이 됨으로써 나를 잊어버린다는 정상적인 삶의 방식에서 현대인들은 점점 더 멀어져간다. 그리하여 자신을 잊어버리기 위해서는 의지가 담긴 행위 같은 번거로운 과정 없이 심리적 세계를 갖가지 망상으로 채우면 된다는, 말하자면, 사회인다운 체면을 유지하면서 광인이 되는 길로 차츰차츰 나아간다. 이러한 현대인의 경향을 도발하는 데 가장 유효한 힘을 갖고 있는 것이 영화다. '영화관의 우리가 앉아 있는 장소가 컴컴하고 스크린만 밝은 데에 감사한다', 이 표현은 아주 적확하다. 물론 문학도 그런 힘을 갖고 있다. 영화가 발명되기 전까지 문학은 영화의 역할을 대신했다. 예의 바른 광인은 인쇄술의 발명과 함께 태어

났다고 할 수 있겠으나, 제아무리 인쇄술이 막강한 힘을 자랑한들 영화가 나타난 이상, 문학은 도저히 영화의 적수가 되지 못한다.

오늘날에도 소설류는 대단한 기세로 팔리고 있다. 그리고 대부분의 소설 독자는 양쪽 귀를 막고 모험담을 읽는 어린이와 조금도 다름없는 독서 기술로 소설을 대한다. 즉 소설은 오늘날에도 독자의 공상 자극제로서 자신을 잊게 해주는 편리한 기회를 아직도 충분히 세상에 제공하고 있다. 하지만 앞으로는 어떻게 될 것인가?

분명 오늘날의 영화는 과거의 소설처럼 고리타분한 존재가 될 것이다. 영화에 자연의 색채가 나타나고, 원근법이 나타날 뿐만이 아니라, 관객의 후각이나 미각, 촉각마저 만족시키게 될 것이라고 말한 헉슬리$^{\text{A. L. Huxley}}$의 공상도, 관객에게 그런 욕망이 있는 한 언젠가는 실현될 것이다. 또 이런 공상도, 현재의 영화를 토대로 한 공상에 지나지 않는다면, 물질을 최대로 이용한 인공적 도취의 발명이 장차 어떤 결과를 낳을지 누가 알겠는가? 요컨대 아편중독자를 치료하려던 인간의 지혜가 어떤 새로운 아편을 개발하기에 이를지 누가 알겠는가? 그렇다면 이런 질문을 한 번 해보라. 우리는 무엇을 알고 있는가? 독서의 기술이라는 것에 대해 짐작 가는 바가 있으리라.

　스기무라 소진칸*의 감상이었다고 기억하는데, 인쇄의 속도도 서적의 보급 속도도 놀랄 정도로 빨라지고, 출판되는 서적의 양은 점점 증가하는 한편, 인간이 책을 읽는 속도는 여전히 옛날 그대로라는 사실은 실로 골계滑稽를 느끼게 한다는 의미의 글을 읽은 적이 있다. 나는 독서의 진수라는 것은 이 골계 안에 있다고 생각한다.

　문자의 수가 아무리 늘어나도, 우리는 문자를 한 글자씩 더듬어가며 판단하고, 납득하고, 비평까지 하면서, 책이 말하는 바에 따라 제힘으로 마음속에 하나의 세계를 재현한다. 이와 같은 정신적인 작업의 속도는, 인쇄의 속도 따위와는 아무 관계도 없다. 독서 기술의 수준이 올라갈수록, 책은 독자를 확실하게 각성된 세계로 데려간다. 반대로 좋은 책은 언제나 독자로 하여금 그런 기술에 눈뜨게 해주기 때문에, 독자는 간간이 읽기를 멈추고 자신이 멍하니 있는 것은 아닌지 확인해야 한다. 아니, '머리가 맑아졌을 때 한 번 더 읽어라'고 요구받을 것이다. 사람들은, 독서의 즐거움이 그런 과정까지 거쳐야 하는 것이냐고 의아하게 여길지도 모른다. 하지만 인간의 지혜가 그런 종류의 서적들만 고전으로서 보존해 온 이유는 무엇일까? 확실하게 각성된

---

*　杉村楚人冠(1872-1945). 신문기자, 수필가. 『아사히신문』에서 활약하며 축쇄판 간행과 사진 잡지 『아사히클럽』을 발간하는 등 신문사업 발전에 공헌했다.

후에 사색하는 것이 인간 최상의 오락이기 때문이다.

 오늘날과 같이 서적이 범람하는 가운데 어떤 책을 읽어야 하나 생각만 하면서, 고작 세간에 떠도는 책 제목이나 주워듣게 될 뿐이라면, 이 책은 어떨까 싶은 책에 집착하며 제대로 읽을 방법을 강구하는 편이 더 현명할 것이다.

 소설의 줄거리나 정경의 묘사에 마음을 빼앗겨, 작품을 쓴 작가라는 인간을 결코 떠올리지 못하는 소설 독자를 천진하다고 한다면, 그러면, 예를 들어 칸트를 공부하다 칸트의 사상에 마음을 빼앗겨 칸트라는 인간을 결코 떠올리지 못하는 학자를 왜 천진하다고 해서는 안 되는 것일까? 독서의 기술이 서투른 탓에 책에서 망령밖에 얻어내지 못했다는 점에서는 우열을 가릴 필요도 없다. 생트 뵈브의 교훈, '마침내 그들은 그들 자신의 언어로 그들 자신의 모습을 또렷하게 그려내기에 이를 것이다'라는 말을 떠올려보자. 어떤 책의 저자든 그럴 것이다. 그쪽에서 마침내 모습을 드러낼 때까지 기다려야 한다. 그때까지 책은 단지 책에 불과하다. 소설은 소설에 불과하고, 철학서는 철학서에 불과하다.

 서적의 수만큼 사상이 있고, 사상의 수만큼 인간이 있다고 하는, 있는 그대로의 세상 모습만 믿으면 충분하다. 왜 인간은 실생활에서 논증의 확실함만으로는 남을 설득하기 어렵다는 사실을 잘 알면서도, 책의 세계에만 들어가면 논증이야말로 최선이라는 미신을 순진하게 믿게 되는 걸까? 또 실생활에서는 전혀 다른 개성 사이에 막역한 친구가 생기는 걸 목격하면서도, 그의 사상은 완전히 잘못되었다는 둥 매도하게 되는 걸까? 혹은 인간은 순간의 변덕 때문에 서로 죽이기도 한다는 것을 알면서도, 자신과 비슷한 관념을 가진 사람을 만나면 동지를 얻었다고 믿어 의심치 않는 걸까?

이 모든 게 책에서 인간이 모습을 드러낼 때까지 기다리지 못한 탓이다. 책 속의 인간이 제 모습을 드러낼 때까지 기다리고 있었더라면, 그 인간은 여러분에게 말했을 것이다. "자네는 자네 자신으로 있게"라고. 일류 사상가들의 임계점에 다다른 사상은 그 이외의 충고는 절대로 하지 않는다. 여러분에게 무슨 모자람이 있단 말인가?

작가 지망생을 위한
조언

　'작가 지망생을 위한 조언'이라는 게 나에게 주어진 주제인데, 나 같은 사람에게는 대단히 부응하기 어려운 주제다. 남에게 조언할 만큼 유유자적하며 살고 싶은 게 나의 솔직한 심정이다.

　타인에 대한 비평만 하다 보면, 타인으로부터 비평을 당하는 쪽이 되고 싶다고 간절히 바랄 때가 있는데, 그런 팔자 좋은 신분이라도 돼보지 않는 한, 진정한 조언 따위는 못하는 게 아닌가 싶다.

　비평이라는 것은 상당히 특이한 경우는 제외하고, 보통은 남의 작품을 객관적인 입장에서 그저 분석하고 설명하고 평가하면 되는 일이라, 비평가들은 각자의 재능에 따라 위에서 내려다보는 시선으로 제멋대로 큰소리치면 되지만, 조언은 그럴 수가 없다. 물론 비평 정신이 박약한 사람은 조언하기도 쉽지 않겠지만, 비평이 가능하다고 해서 조언이 가능한 것도 아니다. 조언이라는 것은 좀 더 실제적이고, 절실하고, 육친의 정 같은 말이라고 나는 생각한다.

나는 지금 메이지대학 문예과에서 문학개론을 강의하고 있어서, 어떤 주제로든 떠들 수는 있다. 자연주의문학이란 이러저러한 것이라든가, 심리파라는 일파는 이러저러한 견해를 가졌다든가. 그리하면 학생들 쪽에서도 내게 항의할 거리는 별로 없을 것이다. 그러나 만약, 학생 중에 진지하게 고민하는 작가 지망생이 있고, 그 학생이 내 강연을 듣고 어떤 실제적인 도움을 받을 것인가 하는 문제가 되면, 이야기는 완전히 달라진다.

꽤 예전 일인데, 무슨 잡지였는지는 생각나지 않지만, 문학 지망생을 위한 충고를 의뢰받은 기쿠치 간菊池寬이 이렇게 썼다. '앞으로 소설이라도 써보려고 하는 사람들은, 적어도 외국어 하나쯤은 습득하라'고. 그 당시 나는 이 문장을 읽고 실로 간명하고 적확한 충고라고 감탄했던 기억이 있다. 이런 말이 진짜 조언이다. 마음먹기에 따라서는 당장 내일이라도 실행이 가능하고, 실행한 이상 반드시 실익이 있는, 그런 말을 진짜 조언이라고 하는 것이다. 비평은 쉽고 조언은 어려운 까닭이다.

보들레르도 『낭만파 예술L'Art romantique』이란 책에서, 역시 「청년 작가를 위한 충고」라는 글을 썼다. 필시 근사한 말이라도 썼으려니 여겼다면 큰 오산이다. 우선 자신의 타고난 운·불운을 탓하지 말고 의지를 굳건히 가져라, 운운하는 문장으로 시작하여 하나같이 평범한 조언들뿐이다.

생각해보면 조금도 이상할 게 없다. 어떤 조언이 썩 좋은지 쓸데없는지는 오로지 그 실천적 의지에 달려 있다. 극단적으로 말해 조언을 실행해보지 않은 이상은 그 조언의 진가를 알 리 없다는, 이 역설적 성격은 모든 유익한 조언에 공통된다. 실행을 떠나서는 조언도 없다. 그러면 실행이란? 인간에게는 원래부터 세련된 실행도 삐딱한 실행도 없다. 실행이란 죄다 평범하다. 평범함이야말로 실행이 갖는 최상의 성격이다. 그렇기 때문에 유익한 조언은 모두 평범하게 보이는 것이다.

좋은 약은 입에 쓰다, 선인들은 이런 명언을 참 잘 만들어 냈다. 하지만 사람들 대다수는 좋은 약이 무엇인지도 모를 뿐만 아니라 입에 쓰다고 하는 것도 무엇인지 모른다. 예를 들면, 적어도 외국어 하나는 습득해두라는 말을 듣는다. 이 말을 실행하느냐 마느냐는 의지의 문제인데, 이런 수준 높은 문제에 부딪쳐 보기도 전에, 덮어놓고 흔해 빠진 말이라고 지나쳐버린다. 이런 조언은 결코 어떤 개념을 말하는 게 아니므로, 자신에게 비춰보면서 '내일부터 외국어를 공부하려면, 어떻게 계획을 짜야 하나, 외국어를 습득하고 나면 실제로 어떤 일들을 할 수 있을까' 하고 이리저리 머리를 굴리지 않으면 조언에 담긴 의미를 알 턱이 없다.

어떤 조언도 남에게 강요할 권리는 없다. 조언을 실행하느냐 마느냐는 그 조언을 들은 사람 마음이다. 그보다도 더 중요한 것은, 조언이라는 게 결코 설명도 아니고, 분석도 아니고, 항상 실행의 권유임을 각오하고 들어야 한다는 점이다. 진정으로 조언을 해줄 때, 진정으로 그 조언을 받아들이는 사람은 많지 않다. 이게 바로 모든 유익한 조언이 직면하는 비극이다.

왜 이런 말을 구구하게 쓰는가 하면, 그건 여러분 스스로 반성해 보라. 여러분이 얼마나 많은, 스스로 실행한 적이 없는 조언을 이미 알고 있는지를 반성해 보라. 여러분은 듣기만 하고, 읽기만 하고 실행하지 않으니까, 평범한 조언에는 진절머리가 나는 게 아닌지. 그러니까 뭔가 솔깃해지는 새로운 내용을 듣고 싶어 조바심치는 건 아닌지.

그건 그렇고, 나도 그냥 물러날 수 없기에 내 나름대로 조언을 몇 마디 보태겠다. 책 읽기에 관한 조언이다. 글쓰기에 관한 조언은 내게는 버거운, 조언이라기보다 스스로에게 하는 말이기도 하다. 당연히 평범한 조언들이지만, 그렇다고 평범하니까 썩 익숙하리라는 보장도 없다. 미리 말해두건대, 그중에서 내가 실행하지 않은 항목은 단 한 가지도 없다. 아니, 지금도 실행 중이다. 물론 대단히 유익하다.

1. 일류 작품만 읽어라

전당포 주인들은 점원의 상품 감별 능력을 키우기 위해 매일 일류 상품만 보여주는 교육부터 한다는 철칙에 관한 얘기를 어디선가 읽은 적이 있는데, 좋은 것만 보는 데에 익숙해지면 나쁜 것이 금방 눈에 띄게 되고, 이 반대는 효과가 없다고 한다. 생각건대 그게 우리 눈의 천성이다. 이 천성을 문학 감상에 최대한 이용하지 않는 건 어리석다. 그렇게 해서 길러낸 직관적 척도야말로 훗날 큰 힘을 발휘할 것이다.

2. 일류 작품은 예외 없이 난해하다는 것을 각오하라

일류 작품은 문학 지망생을 위해 쓰인 게 아니다. 범접하기 힘든 천재의 경지는 차치하고, 적어도 성숙한 인간의 무르익은 감정인 사상의 표현이다. 성급하게 들여다보려고 해봤자 헛일이다. 다행인지 불행인지 우리는 같은 사실, 같은 이치를 끝까지 이해하기 위해서는 무수한 단계를 거쳐야 한다. 그런데 대다수 사람은 명작을 접하며 그중 한 단계에서 작품을 겨우 이해했을 뿐인데도 그것에 관해서는 모르는 게 없다는 듯 아는 척하기를 좋아한다. 읽기를 반복하며 뭐가 더 있는지 찾아낼 생각은 결코 하지 않는다. 그러므로 이렇게 말할 수 있을 것이다. 일류 작품은 난해하다. 그러나 난해하다는 사실 또한 그리 쉽게 알지 못할 것이다.

3. 일류 작품에서 영향받는 것을 두려워 말라

세간에서 영향을 받았느니 안 받았느니 하고 떠드는 단순한 상황에 영향의 참된 의미는 담겨 있지 않다. 그런 것은 다소 복잡한 모방의 문제에 불과하다. 진짜 영향이란 두말할 나위 없이 머리를 크게 한 방 맞는 것이다. 정신이 번쩍 들며 옴짝달싹 못하게 되는 것이다. 이런 기회를 두려워하며 붙잡지 않으면 명작으로부터 피가 되고 살이 되는 양분을 얻지 못한다. 그저 주제넘은 비평이나 하며 명작 앞을 쓱 지나치게 된다.

4. 탁월한 작가를 한 사람 선택해 그 사람의 전집을 읽어라

한 작가의 작품을 전부 읽자. 그의 서간, 그의 일기까지도 구석구석 살피자. 그래야만 비로소 우리는 그가 단 하나의 사상을 표현하기 위해서 얼마나 많은 것들을 쓰지 않고 버려 왔는지 수긍이 간다. 실로 이것저것 다 해본 사람이

다, 다 알고 있던 사람이라고 수긍하게 되는 것이다. 세상 사람들이 그에게 붙여준 라벨 또는 범용한 문학사가가 풀어놓은 그의 성격과는 전혀 딴판인 풍부한 인간상을 우리는 만날 것이다.

5. 소설을 소설이라고 여기며 읽지 말라

작가 지망생의 최대 약점은 자신도 모르는 사이에 문학이라는 것에 홀리고 있다는 점이다. 문학에 뜻을 둔 탓에 생생한 현실이 보이지 않게 되는 희한한 일이 벌어진다. 정작 당사자는 그런 사실을 의식하지 못하므로, 자신은 문학의 세계에서 세상을 바라보기 때문에 문학을 할 수 있다고 믿는다. 사실은 정반대다. 문학 병을 앓지 않는 눈으로 세상을 바라봐야만 문학이란 것이 완성된다. 문학에 홀린 사람은, 소설이란 인간이 만들어 낸 표현일 뿐이다. 오직 그것만으로도 충분하다는 정직한 각오로 소설을 읽지 못한다. '잘 썼느니 못 썼느니', '무슨 파니 무슨 주의니' 한다. 그래서는 영원히 소설이라는 것의 정체를 알 수 없다.

문장 감상의
자세와 방법

　　　　　　　　문장을 어떤 식으로 감상하면 좋을까. 이것이 나에게 주어진 주제입니다. 이 문장이란 말도 감상이라는 말도 아주 모호해서, 문장이라는 것은 깊이 생각하면 한없이 복잡해지고, 따라서 감상법도 한마디로 말하기 어렵습니다만, 여기서는 그냥 보통 의미의 문장을 보통 의미에서 음미한다는 전제하에 이야기를 풀어나가겠습니다.

사람들은 흔히 문장이 좋은 건지 안 좋은 건지 모르겠다거나, 문학이란 이해하기 어렵다고 말합니다. 그야 사람마다 전문 분야라는 게 있고, 각 분야의 깊이나 복잡함은 그 분야에 종사하는 사람이 아니면 모르기 마련입니다. 예를 들어 문학 비평가는 문장 감상을 다각도로 연구하는 전문가임에는 틀림없으나, 정작 작가 자신이 문장을 어떤 식으로 감상하는지, 그 깊은 곳까지는 비평을 전문으로 하는 사람일지라도 좀처럼 엿보기 어렵습니다. 그렇다고 하면 일반인이 문장의 좋고 나쁨을 모르는 건 당연하겠지요. 그러나 또 한편, 전문이라는 것을 너무 의식하여 위축되는 것도 좋지 않은데, 제아무리 문장 감상에 일가견이 있는 사람이라도 근본적으로는 보통 사람들과 조금도 다를 바 없이 보통의 의미에서 문장을 음미하는 데서 시작합니다. 그리고 문장을 음미한다는 지극히 평범한 일이 잘 생각해보면 아주 대단한 일인지라, 세간에서 전문 비평가라고 불리는 사람들 중에도 보통의 의미에서 문장을 제대로 음미할 줄 모르는 사람이 있습니다.

생트 뵈브는 『월요좌담Causeries du Lundi』*이라는 비평집에서 "파리의 진짜 비평이란 이야기를 나누면서 이루어진다"고 했습니다. 이 말은 문학비평의 잘못된 전문화를 훈계하기 위한 건데, 비평 전문가는 자신이 보통 사람들은 알 리 없는 수준 높은 평을 한다고 착각하지만, 진정한 의미의 문학 음미는 그런 것이 아니라 순수하게 문장을 음미하고 그 감상을 유쾌하게 서로 나누는 보통 사람들이 그 잘난 척하는 사람들보다 훨씬 더 문학의 참뜻을 제대로 이해한다는 뜻입니다. 그러므로 공연히 전문적인 감상에 위축되는 것은

---

* 1849년부터 죽을 때까지 월요일마다 신문 등에 발표한 비평을 모은 책. 정편 15권, 속편 13권에 이른다.

전문가가 '나 전문가요' 하며 보통 사람을 낮춰보는 것이나 마찬가지로 잘못된 일인데다, 문장을 음미하는 데는 전문적인 지식이 꼭 필요한 것도 아닙니다. 건전한 상식을 가지고도 이해하기 어려운 문장이라면 그 문장이 문제겠지요. 명문이라는 것은 결코 그렇게 어렵지 않습니다. 또 보통으로 음미하면 별것도 아닌 문장을 비평가들이 굳이 어렵게 해석한 예도 세간에는 얼마든지 있습니다.

보통으로 문장을 음미한다는 것은 초보적인 단계도 아니고 부끄러운 일도 아닙니다. '전문적인 감상에 대항해서 충분히 우리만의 이유를 갖고 있다. 당신네는 문장 감상의 전문가인지 몰라도 우리처럼 순수하고 유쾌하게 문장을 음미할 수 있느냐' 하고 당당하게 말할 수 있는 자각을 가져야 합니다. 이런 자세가 문장 감상에서 우선 제일 중요하다고 나는 생각합니다.

비평가는 말할 나위 없이 판단을 중시합니다. 호불호를 가지고 말해서는 안 됩니다. 왜 이 문장은 좋은지 또는 안 좋은지를 일정한 기준에 따라 판단해야 합니다. 그러나 우리는 여기서 비평가의 문장 판단 기준에 대해 말하려는 게 아닙니다. 문장을 음미한다는 취미의 문제에 대해 주의 말씀을 드리고자 하는 것입니다.

대체로 판단이란 것은 이성적인 규정인데, 문장을 음미한다는 것은 전혀 이성적인 게 아닙니다. 음미한다는 것은 통상적으로 취미라고 불리는 인간의 감성적인 상태를 가리킵니다. 이성과 취미를 혼동해서는 안 됩니다. 이성이란 만인의 공통되는 마음의 작용으로 그 누구도 그 법칙으로부터 벗어날 수 없습니다. 그런데 취미에 법칙이라는 게 있습니까?

취미의 세계란 실로 복잡합니다. 시대에 따라, 인종에 따라, 개인의 성질에 따라 취미는 각기 다릅니다. 동양적인 취미, 일본적인 취미, 고전적인 혹은 낭만적인 취미 그런 잡다한 취미 사이에는 각각 인간성과 밀접한, 서로 양립할 수 없는 모순이 있으므로 이성으로 해결될 문제가 아닙니다.

그러나 이렇듯 취미는 각인각색의 뒤죽박죽인 세계임이 틀림없으나, 다른 한편으로 우리는 좋은 취미니 나쁜 취미니 하며 분류하기도 합니다. 그럼 왜 마치 무정부상태 같은 취미의 세계를 인정하면서도 좋고 나쁨을 따지는 걸까요?

예를 들어 갑은 마사무네 하쿠초의 문장을 다니자키 준이치로의 문장보다 더 좋아하고, 을은 도쿠다 슈세이*보다도 마키 이쓰마**의 문장을 더 좋아한다고 치고, 이건 취

---

* 德田秋声(1871-1943). 소설가. 오자키 고요(尾崎紅葉)에게 사사. 서민의 일상을 냉정하고 객관적인 시점으로 포착한 작품으로, 메이지시대 자연주의문학의 중심적인 존재로 활동했다.

** 牧逸馬(1900-1935). 대중소설가. 마키 이쓰마라는 필명으로 추리소설과 가정소설을, 하야시 후보라는 이름으로 「단하좌선(丹下左膳)」을, 다니 조지란 이름으로 「양놈·왜놈」 등을 집필했다.

문장 감상의 자세와 방법

미의 문제라고 해둡시다. 그러나 잘 생각해보면, 하쿠초보다도 준이치로를 더 좋아한다, 싫어한다 하는 것과 슈세이보다 이쓰마를 더 좋아한다거나 싫어한다거나 하는 것과는 상당한 차이가 있습니다. 하쿠초를 좋아하는 사람과 준이치로를 좋아하는 사람, 이는 분명히 취미의 문제입니다. 현실적이고 이성적인 기질을 가진 사람은 하쿠초를 좋아할 것이고, 낭만적이고 감정적인 기질을 가진 사람은 준이치로를 좋아할 것입니다. 이것은 그 사람의 기질에 따른 선택이므로 어느 쪽이 옳다 그르다 말할 수 없습니다. 하지만 슈세이보다 이쓰마를 더 좋아한다든가 싫어한다든가 하는 문제가 되면, 기질의 문제라고는 할 수 없습니다. 나는 이러저러한 기질이 있으니까 이쓰마가 더 좋다고 말할 수 있을까요? 굳이 갖다 붙이자면, 내 기질은 저급하니까 이쓰마가 더 좋다고 말하는 꼴이 됩니다. 이건 취미의 문제가 아니라 교양의 문제인 것입니다. 슈세이의 문장을 감상할 수 있는 사람은 이쓰마의 문장도 감상할 수 있습니다. 더구나 슈세이를 더 좋아한다는 것은 기질에 따른 선택입니다. 그러나 이쓰마의 문장을 감상할 수 있다고 해서 슈세이의 문장도 감상할 수 있는 것은 아닙니다. 그 경우는 기질에 따른 선택이라고 볼 수 없는 것입니다. 다시 말해서 자신의 기질은 대체로 이러저러하다는 자각이 없으면 취미의 문제는 생기지 않습니다. 상식 있는 사람으로서 부끄럽지 않은 교양을 쌓은 다음이라야 자신의 기질이란 게 비로소 의미를 갖고, 자신의 기질이란 게 의미를 가진 다음이라야 비로소 취미가 무엇인지 안다고 할 수 있습니다. 이래야만 좋은 취미를 가진 사람이라는 말이 성립되는 것입니다.

문학을 감상할 때 두 번째로 중요한 것은, 자기 기질에 대한 자각에 입각하여 좋은 취미를 갖는 일입니다.

문장을 감상한다는 것은 창조하는 일도 비평하는 일도 아닙니다. 문장을 써서 독자들에게 어떤 인상을 주려는 것도 아니고, 자기가 받은 인상을 어떤 식으로 분석하고 설명하려는 것도 아닙니다. 문장 감상이란 문장이 주는 인상을 충분히 음미하고 즐기는 일입니다. 문장을 만들거나 문장을 비평하는 쪽에서 보면, 언뜻 수동적이고 식은 죽 먹기처럼 생각될지 모르나, 결코 그렇지 않습니다. 감상은 감상만으로 충분히 어려운 일입니다.

뛰어난 창작가라고 해서 반드시 훌륭한 감상가가 되는 것도 아닙니다. 톨스토이는 초일류 창작가이기는 하나 그의 감상안은 결코 넓지도 깊지도 않았습니다. 예를 들면 그에게는 『예술이란 무엇인가』라는 유명한 책이 있는데, 거기에는 독단적인 주장을 하는 사람에 대해 다양한 예술의 갖가지 특질을 각각 지당하다고 여기며 순수하게 받아들이는 너그러움이 결여되어 있습니다. 그렇게 편협하고 완고하지 않으면 그 야성적이고 대대적인 작업이 불가능했을 테지만, 우리는 설령 그런 대사업이 불가능할지라도 톨스토이보다 더 폭넓게 많은 예술작품을 즐길 권리는 있습니다.

또한 비평가에 대해서도 똑같은 말을 할 수 있습니다. 공쿠르는 텐*을 이렇게 평했습니다.

"실례되는 비교지만, 텐은 우리 집에 있던 사냥개와 같다. 그는 쫓아가거나 무는 등 사냥개가 하는 짓은 뭐든지 정말 잘한다. 다만 그에게는 코가 없어서 하나 사줄 필요가 있겠다."

즉 텐이라는 비평가는 남의 문장을 분석하고 분류하거나 해석하는 일은 특별히 잘했지만 문장에 대한 감은 둔했는데, 문장을 단순히 음미한다는 점에 있어서는 범용한 사람이었다는 의미입니다.

톨스토이나 텐 같은 위대한 사람은 그런 결점쯤은 별것도 아닌, 아니 그런 결점이 한편에 없어서는 도저히 성취할 수 없는 위업을 남긴 사람들입니다. 그러나 우리 범인 사이에서는 그런 결점은 별로 치켜세울 만한 게 못 되므로, 창작가가 됐든 비평가가 됐든 폭넓은 감상안을 토대로 삼지 않는 사람은 우선 기본자세가 잘못되었다고 할 수 있습니다.

---

* H. A. Taine(1828-1893). 프랑스의 철학자, 비평가, 역사가. 실증주의적 입장에서 인종, 환경, 시대의 세 요소로 문예 작품이나 역사를 분석했다.

훌륭한 감상안을 갖춘 사람은 곧 훌륭한 취미를 가진 사람입니다. 훌륭한 취미를 가진 사람이라기보다 훌륭한 '취미감'을 가진 사람이라고 하는 편이 낫겠지요. 취미감이라는 말에 물론 정의 따위는 없습니다. 자신을 내세우려는 것도 아니고, 자신을 규정하려는 것도 아니므로.

비평가도 창작가도 웬만해서는 순수한 감상 태도를 갖기 어렵습니다. 왜냐하면 비평가는 제아무리 타인의 문장을 공평하게 받아들이는 사람이라도, 어찌 됐든 받아들인 것을 질서정연하게 표현하는 게 제 일이고, 창작가는 또 순수한 감상을 고수하다가는 새로운 걸 발견할 수 없기 때문입니다. 양쪽 다 자기 일에 너무 열중하다 보면 순수한 감상이란 것에 상처를 내기 십상입니다. 그러한 점에서 문장애호가는 감상이라는 세계의 수련에만 힘쓰면 되기 때문에 제 마음에 따라 풍부하게도 순수하게도 감상할 수 있습니다.

이런 경우 감상자에게는 두 가지 유혹이 고개를 쳐듭니다. 하나는 비평에 대한 유혹입니다. 그냥 감상한다는 게 왠지 뜬구름 잡는 것 같아 불안해지니 뭔가 이렇다 할 의견을 원하게 되는데, 그럴 때야말로 가장 주의해야 합니다. 어떤 의견을 정해놓고 감상하는 사람 치고, 자기 의견에 속지 않는 사람은 거의 없습니다. 어설프게 가진 의견 때문에 폭넓게 음미하는 마음이 스러져버리는 것입니다. 그 의견에 준해서 모든 걸 감상하려다 보니 저도 모르게 자기 의견의 범주 안에서밖에 감상할 수 없게 됩니다. 이런저런 것들이 있는 그대로 보이지 않고 자기 의견의 틀 안에 갇혀버립니다. 이렇게 되면 더 이상 감상이라고 할 수 없습니다. 그저 자신의 편협한 마음의 모습을 풍부한 대상 속에서 찾아 헤매는 꼴이 될 뿐인데, 한술 더 떠 본인은 훌륭하게 감상하는 줄로 착각합니다. 흔히 동인잡지 같은 데서 젊은이들이 겁 없이 남을 비평해 대는 경향을 보게 되는데, 그런 짓은 자신의 마음을 빈약하게 만듭니다. 비평해야 된다, 비평해야 된다 하며 자기 마음을 옭아매버리는 것입니다. 어떤 의견도 갖지 않고 무엇이든 순수하게 음미하고자 유념하며 마음을 풍요롭게 만들어 가는 수행은 비평 따위보다 훨씬 어려운 일임을 알아야 합니다.

여기에 두 번째 유혹이 기다리고 있습니다. 나쁜 의미의 딜레탕트^{dilettante}가 되는 유혹입니다. 이것저것 다 음미하려다 보면 자연히 깊이 음미하지 못하고 겉핥기식으로 즐기다 마는 경향이 생기게 됩니다. 그러면 왜 이렇게 될까요? 감상하는 데 항상 온 마음으로 임해야 함을 잊어버리기 때문입니다. 감상하는 데는 허심虛心이란 게 필요하다, 자기를 버리고 타인 속으로 파고들어야 한다 이런 말을 하는데, 이 말인즉슨 몰입하라는 의미입니다. 자기가 의식하는 자신은 진정한 자신이 아닙니다. 타인에게서 빌린 것입니다. 타인에게서 배운 사상이나 의견 또는 습관이나 방법, 감정 같은 것의 집합체에 지나지 않습니다. 이런 자신을 완전히 버리고 허심해져라, 다시 말해서 자기 본연의 모습으로 돌아가라는 의미인 것입니다. 이 점에 유의하면 아무리 타인의 몸이 되어 타인의 문장을 음미하더라도 자신을 잊어버리는 일은 없습니다. 그런 각오가 없으면, 감상 세계가 넓어질수록 감상의 순수성이란 걸 잃기 마련입니다. 딜레탕트란 감상의 순수성을 잃어버린 사람을 말합니다.

자기 자신을 비우고 가능한 한 폭넓은 감상 세계에서 노니는 한편, 어떤 시시한 대상을 접할지라도 온 마음으로 몰입하는 각오를 잃지 않는다면 훌륭한 감상가라고 할 수 있습니다.

독서
제대로 즐기기

'독서'라고 해도 그 범위는 상당히 넓겠지만, 현대의 젊은 여성들이 가장 열심히 또 제일 많이 읽는 책은 역시 뭐니 뭐니 해도 소설일 테니 소설 읽기에 대해 생각나는 대로 써나가 보겠다.

소설을 쓴다는 것은 물론 이런저런 궁리가 필요한 일로, 아무도 그런 부분에 대해서는 의심의 여지가 없다. 그런데 소설을 읽는 데도 읽는 궁리라는 게 있어서 궁리를 거듭하며 읽는 기술을 향상시키지 않으면 소설의 재미도 사실은 알 수 없다. 소설 읽는 기술을 궁리하는 사람은 문예비평가가 아닌가, 일반 독자가 그런 궁리를 할 필요가 있느냐고 묻고 싶겠지만 그렇지 않다. 아니 그래서도 안 된다.

결혼 전에는 문학책을 좋아해서 자주 읽곤 했는데, 결혼하고 나니까 그럴 여유도 없고 또 소설 따위를 읽는다는 게 시간 낭비 같다는 말을 흔히 듣는다. 소설에 국한된 이야기가 아니다. 일반적으로 젊은 시절에 왕성했던 독서열을 나이 들어서까지 유지하는 사람은 별로 없다. 누구나 책을 읽을 시간이 없어졌다는 안이한 핑곗거리는 금방 떠올리면서, 책을 손에 들려는 의욕이 사라진 자기 마음은 쉽게 깨닫지 못한다. 아니, 깨닫고 싶어 하지 않는다.

우선 젊은이들 대부분은 책 읽는 방법을 궁리해보려는 생각이 아예 없기도 하거니와 책을 앞에 두고도 늘 수동적인 자세로 받아들인다. 그러니 아무리 소설을 많이 읽어도 소설 읽는 방법이란 게 전혀 향상되지 않는다. 귀를 막고 모험소설을 읽는 어린이의 독서법에서 벗어나지 못하는 것이다. 그러다가 뭔가를 몽상하며 즐기던 젊은 시절의 기력은 메말라가고, 그렇게 되면 더 이상 소설이란 걸 읽지 않게 된다. 젊은 시절의 왕성한 지식욕은 다양한 서적을 읽게 만든다. 그러나 책을 읽는다는 게 오직 지식욕의 충족이라는 지극히 단순한 이유에서 출발하다 보니, 이런저런 사정으로 지식욕이 시들해지면 십중팔구 책으로부터 멀어진다.

대체로 많은 사람이 그런 경로를 거친다. 즉 스스로 책 읽는 방법을 궁리하며 독서의 진정한 즐거움을 키워나가려고 하지 않는다는 말이다. 그런 즐거움을 직접 궁리해가며 열심히 몸에 스며들도록 하면 아무리 바쁘더라도 사람은 책이란 걸 쉽게 손에서 놓지 못하는 법이다.

문학청년 또는 문학소녀라는 말이 있다. 오늘날 문학이라고 하면 소설의 다른 이름이라고 할 정도로 소설은 끊임없이 쓰이고 읽히고 있는데, 소설이란 것을 즐기는 사람 대다수가 젊은이임은 분명하다. 예를 들어 젊은이 중에 톨스토이의 『안나 카레니나』라는 명작소설을 읽어본 사람은 많을 것이다. 그러나 나이 들어서 다시 읽어보는 사람은 별로 없다. 톨스토이는 물론 젊은이를 대상으로 그 소설을 쓴 게 아니다. 따라서 젊은이들은 그 소설을 읽으며 그 소설만의 묘미를 알 리가 없다.

말할 것도 없이 어떤 장르의 예술작품이든 인생과 연관되지 않은 것은 없지만, 예전에 히로쓰 가즈오廣津和郎가 썼듯이, '소설이란 것은 인생 바로 곁에 있다'고도 할 수도 있을 것이다. 철부지 화가라도 아름다운 그림은 그릴 수 있고, 인간에 대한 이해가 깊지 않은 사람이라도 아름다운 음악을 만들 수 있을 터이나, 소설이란 것은 뭐니 뭐니 해도 세상사에 대한 관찰, 인간에 대한 관찰이 밑받침되어야 하므로 세상을 모르는 소설가는 있을 수 없다.

그러고 보면, 세상을 모르는 젊은이들에게 소설이라는 것만큼 어려운 예술은 없을 것이다. 좋은 소설은, 반드시 세상이나 인간을 알면 알수록 점차 그 깊은 곳에 있는 재미를 드러내는 성질을 갖고 있기 때문이다. 구체적인 예를 들자면, 이시카와 다쓰조의 『결혼의 생태結婚の生態』*라는 소설

은 세상사를 모르는 사람에게도 알 만한 정도의 재미밖에 없지만, 도쿠다 슈세이의 『가장 인물假裝人物』**은 세상사를 모르는 사람은 전혀 느낄 수 없는 재미를 감추고 있다.

그럼에도 불구하고 왜, 소설이 대체로 젊은이들 사이에서만 애독되는 걸까? 물론 작가에게도 그 원인이 있다. 작가 쪽에서도 그런 분위기를 의식하는 사람이 있을 테고, 역부족으로 어쩔 수 없이 그런 결과를 초래하는 경우도 있을 테지만, 작가 쪽에서도 젊은이들을 위해 쓴다. 세상을 알고 나면 전혀 재미를 느낄 수 없는 작품을 쓰는 것이다. 다만 여기서 문제 삼고 있는 것은 독자 측이다. 세상사를 알아감에 따라 소설이 재미없어진다는 말은, 바꿔 말하면 소설로 즐기던 몽상이 현실 세상을 알고 나서 깨져버렸다는 의미에 다름 아닌 것이다. 그리하여 소설에 빠져 살던 젊은 시절이 즐거웠다고 말한다.

그런데 왜 인간의 몽상은 고작 세상사를 아는 정도로 깨져야 하는가. 인간의 몽상에는 다양한 종류가 있고, 일련의 단계도 있음을 생각해보라. 그리고 인간은 결국 어떠한 경우에도 뭔가를 몽상하고 있다는 사실을 생각해보라. 몽상

---

*   1938년에 출판된 베스트셀러 소설. 신혼인 주인공이 결혼생활을 하면서 느끼는 자신의 의식, 아내에 대한 기분을 면밀하게 묘사했다.
** 1935년부터 1938년까지 『경제왕래(經濟往來)』에 단속적으로 연재되어 1938년에 출판된 소설. 노작가가 여성 작가 지망생에게 농락당하는 모습을 냉정한 시선으로 그려, 사소설의 극치를 이룬 작품으로 평가받는다.

은 깨졌으니 버려야 할 게 아니므로, 또다시 날마다 새로이 하고 풍부하게 부풀릴 길도 열릴 것이다.

앞에서 좋은 소설은, 세상사를 잘 아는 사람이 아니면 알 수 없는 재미가 있는 법이라고 썼는데, 그렇다면 세상사를 알고 나면 소설이 재미없어지는 이유는 어디에 있을까? 요컨대 소설 읽는 방법이 서툰 탓에, 세상사를 알고 나면 즉시 깨져버릴 몽상밖에 소설 속에서 얻지 못하고 끝났기 때문이다.

뛰어난 작가는 세상의 추함도 잔혹함도 잘 알고 있다. 그리하여 세상의 추함도 잔혹함도 잘 알고 있는 독자의 마음마저 감동시키려고 한다. 이것이 작가의 바람이자 몽상이다. 이런 몽상은, 결혼했기 때문에 과거 연애소설에서 얻던 몽상이 지금은 시간 낭비가 되었다는 부류의 몽상과는 다른 것임은 말할 나위도 없다. 하지만 한편으로 생각해보면, 우리가 이런 대소설가의 몽상을 부둥켜안고 실현해보는 일까지는 무리일지라도, 그런 몽상이 있음을 알고 어느 정도 이에 가세하는 일은 누구라도 가능하다. 훌륭한 소설을 충분히 음미함으로써 혜택을 누릴 수 있는 것이다. 거기에 독서를 제대로 즐기는 궁리의 열쇠가 있다.

대소설가의 몽상이라고 했으나, 대소설가의 사상이라고 해도 무방하다. 사상이라고 하면 바로 무슨 주의와 같은, 이론적인 것을 떠올리고 싶어 하는데, 그런 건 사상이라기보다 오히려 지식이라고 하는 게 맞고, 정말로 살아 있는 사상을 그런 식의 읽고 익힐 수 있는 지식이라고 오해하지 않는다면, 상술한 바와 같은 소설가의 몽상이야말로 소설가의 사상에 다름 아닌 것이다.

뜻이 높고 원대한 사상도 천진한 몽상과 다른 소재로부터 생겨난 게 아니다. 소설의 독자는 소설에서 얻는 천진한 몽상을 단련시키고 풍부하게 부풀릴 궁리를 하여, 사상이라고 불릴 만한 것으로까지 키워내야 한다. 키워나감에 따라 훌륭한 소설은 점차 그 뜻깊은 사상을 독자에게 밝혀줄 것이다.

소설의 가장 일반적인 매력은 독자에게 자기 자신을 잊게 만드는 데 있다. 자기 자신을 잊고 소설 속의 인물이 되어 자기가 소설 속의 생활을 영위하는 줄 착각하게 되는 것이다. 소설 속의 인물과 함께 연애도 하고 살인도 하는 줄 착각하는 즐거움, 이 즐거움에 몸을 맡기는 것이야말로 소설의 가장 일반적인 매력이다. 물론 이것은 소설의 근본적인 매력이므로, 이런 매력을 갖지 못한 글은 소설이라고 할 수 없으나, 보통 독자는 이런 매력 이상의 매력을 소설로부터 찾아보려고 하지 않는다. 앞에서도 쓴 바와 같이, 귀를 막고 모험소설을 읽는 어린이의 독서법에서 한 발짝도 나아가려고 노력하지 않는 것이다.

자신을 잊는 버릇은 소설을 남독함으로써 점점 더 굳어진다. 다시 말해서 소설을 닥치는 대로 읽다 보면 자신을 잊고 타인을 가장하는 기술이 저도 모르게 몸에 배게 되는 것이다.

허드슨*의 『라플라타의 박물학자』라는 책 속에, 죽은 척하는 본능에 관한 여우 이야기가 나온다. 여우는 위험이 닥치면 죽은 척을 한다. 이따금 눈을 가늘게 뜨고 안전한지도 확인한다. 안전이 확보되면 슬며시 일어나 내뺀다. 그 술책이 아주 교묘해서 개들은 완전히 속아 넘어간다고 하는데, 너무 교묘해서 정말로 죽어버릴 때도 있다고 한다. 어떤 사람이 실험을 해보니, 몸을 절단하는데도 죽은 척했다고 한다.

그 이야기를 읽고 너무 우스워서 웃음이 터질 뻔했으나, 생각해보니 소설의 해를 입어 타인으로 가장하는 기술이 완전히 몸에 배어 진짜와 가짜를 구별하지 못하게 된 문학 애호가의 예를 흔치 않게 보고 있으니 여우를 마냥 비웃을 일도 아니다.

실제로 뭔가를 해보지도 않고, 소설을 읽으면 뭐든 하고 있는 기분이 들다 보니 실제로는 아무것도 안 하게 된다. 가만히 앉아서 인생을 경험하는 착각을 즐기며 세월을 보

---

* W. H. Hudson(1841-1922). 영국의 박물학자, 소설가. 『라플라타의 박물학자』는 자신이 태어나고 자란 아르헨티나의 동물생태 관찰기.

내는 것이다. 예를 들면, 연애 같은 건 해본 적도 없는데 소설을 통해 이런저런 멋진 연애를 겉핥고 연애하는 척하는 기술이 몸에 배고 나면, 실제로 연애가 뭔지도 모르게 되고 만다. 정말로 연애 상대를 만나도 연애하는 척하던 버릇이 쉽게 빠지지 않아서 소설 속에 있는 건지, 실제로 연애하고 있는 건지 스스로 돌이켜봐도 뭐가 뭔지 모르는 현상이 생기는 것이다.

이렇게 되는 것도 소설 읽는 법을 숙고해본 적이 없기 때문이다. 그저 소설을 자기 자신을 잊는 일종의 자극제 같은 걸로 받아들였기 때문이다. 그래서 마침내 중독되는 것이다.

이런 예는 소설에만 국한되지 않는다. 각종 사상 관련 서적에 대해서도 똑같이 말할 수 있다. 독서라는 것은 이쪽에서 머리를 비우고 있으면 그쪽에서 채워주는 게 아니다. 독서 또한 실제 인생과 마찬가지로 진실한 경험이다. 끊임없이 책이란 것을 깨어 있는 마음으로 대하지 않으면 책에서도 얻는 바가 없다. 그런 의미에서 소설을 창작하는 사람은 작가만이 아니다. 독자 또한 소설을 읽음으로써 자신의 힘으로 작가의 창작에 협력하는 것이다. 이 협력한다는 자각이야말로 독서의 진정한 즐거움이고, 이런 즐거움을 얻기 위해 애써 독서 잘하는 궁리를 해야 한다. 여러 가지 사상을 책으로 배우는 것도 매한가지인데, 자신에게 비춰서 적혀 있는 사상을 이해하려고 노력해야지, 적혀 있는 사상에 의해 자신을 잃는 건 사상을 배우는 게 아니다. 연애소설 탓에 자신을 잃고 타인의 연애를 제가 하는 줄 착각하는 재주를 익히듯, 타인의 사상을 가장하는 재주를 익혀서는 안 된다고 생각한다.

독서주간

오늘부터 독서주간에 들어간다며 독서에 대해서 말해달라고 하는데, 독서주간이란 어떤 의미일까요? 아마도 등화가친燈火可親의 계절이니 너도나도 독서합시다, 이런 말일 겁니다. 미리 합의를 거쳐서 정하는 게 아니니 전기회사의 절전주간과 겹치지 않으면 좋겠습니다만.

아무튼 책이 너무 많습니다. 나는 출판사의 편집 고문*을 맡고 있어서 잘 아는데, 현대 일본의 출판사 대다수는 자본에 허덕이면서 다달이 막대한 서적들을 쏟아내고 있습니다. 출판이란 말 그대로 돈이 안 되는 장사이므로, 한편에서 돈을 변통하면 다른 한편에서 책을 만들어 내는 구조

---

* 저자는 1937년경부터 소겐샤(創元社)의 편집 고문을 맡다가 1948년에는 대표로 취임했다.

이다 보니, 아무래도 편집 고문의 입장에서는 서적이라든 가 출판이라는 말도 공허한 말처럼 느껴집니다. 나는 요즘 책에는 넌더리가 납니다. 지난번에는 교통안전주간이란 게 있었습니다. 물론 탈 것이 너무 많아져서 그런 게 생긴 거 겠죠. 이렇게 책이 넘쳐나다가는 독서의 안전이 위협받을 게 분명하니, 차라리 독서안전주간이라고 하는 편이 이치 에 맞을 겁니다. 이치에 맞긴 하겠으나, 생각해보면 꽤 묘 한 문화현상입니다. 책이라는 물질 과잉이 독서라는 정신 능력을 위험에 노출시키다니. 수많은 사고事故가 결코 눈에 는 보이지 않는다는 점에서 이 위험을 결정적인 것으로 만 드는 듯합니다.

일정한 목적도 절박한 필요성도 없는데, 그저 막연히 무 엇을 읽으면 좋을까, 그런 우문을 얼마나 많은 사람들이 하 는지. 이는 책이 너무 많다는 단순한 사실에서 거의 기계 적으로 생기는 사람들의 몽롱한 정신 상태를 극명하게 드 러낸다고 생각됩니다. '일반교양을 습득하기 위해 어떤 서 적을 읽으면 좋을까' 하는 부류의 책들이 출판되어 있습니 다. 그 아류도 상당히 많은데 다 잘 팔리고 있어요. 그런 책 을 펼쳐보면, 평생을 읽어도 다 못 읽을 만큼 많은 책이 나 열되어 있습니다. 실로 무의미한 일입니다. 대체 일반교양 이라는 막연한 것을 지향하며, 어떻게 교양이란 걸 얻을 수 있겠습니까? 교양이란, 생활 질서에 관한 정련되고 살아 있는 지혜를 말하겠지요. 이런 건 생활 체험을 바탕으로 습득이 되는데, 책도 다소 참고가 되긴 할 겁니다. 교양이란 몸에 배어서 그 사람의 말투라든가 행동 같은 데 저절로 나타나는, 말로 표현하기 어려운 성향이 그 특징이니까, '얼마나 교양이 있는지 보여 봐'라고 할 만한 게 아니잖습니까? 교양학부라는 말이 있습니다. 이런 말이 생기는 것은 더 이상, 교양이란 말의 남용과 같은 단순한 사태가 아님을 나타냅니다. 교양이란 말의 본말이 전도되어버린 것이니 이런 야만스러운 표현이 또 어디 있겠습니까.

『리더스 다이제스트 Reader's Digest』란 잡지가 있습니다. 책을 '다이제스트' 소화하다니, 책을 잘 이해한다는 의미로 쓰였겠지요. 독자들이 도저히 다 읽을 수 없을 만큼 대량으로 출판되는 책이 온갖 광고 수단을 동원하여 독자의 식욕을 자극하고 있으니, '소화촉진제 digestive'가 팔리기 시작하는 것도 당연하고, 현대 독서인들이 다들 정신적인 위확장 증세를 일으키고 있는 현상도 신기할 건 없습니다. 그들이 건전한 위장을 원하지 않는 것은 아닐 겁니다. 하품만 나는 게 위장이 늘어진 탓이라는 정도는 짐작하고 있을 테지만, 어쩔 도리가 없습니다. 일단 목표도 없이 움직이기 시작한 호기심의 타성을 제어할 의지력이 정신적 위 쇠약에서 나올 리도 만무합니다. 독서백편 의자현이란 말이 오늘날 정말로 사어死語가 되고 말았다면, 독서라는 말도 빈사 상태에 있다고 해도 무방할 겁니다. 당연히 독서백편 의자현이란 말은 과학 서적과 관련해서 나온 말이 아닙니다. 정확하게 표현할 방법이 불가능한, 또 그렇기에 가치 있는 인간적인 진실이, 궁리에 궁리를 거듭한 말로 적힌 서적에 관한 표현입니다. 그런 책의 경우 한 번 읽어서는 의미를 거의 모르겠지요. 그런 종류의 책들이 있습니다. 문학 관련 저작들은 물론 그런 종류의 책이므로, 독자의 인내심 있는 협력을 바랍니다. 작품이란 게 자기 생명의 각인이라면, 작가가 작품의 비판이니 해설이니 하는 걸 바랄 리 있겠습니까? 애독자를 원할 뿐입니다. 생명의 각인을 사랑해주는 사람을 기대하고 있을 뿐이라고 생각합니다. 인내심 없는 사랑 따위는 나는 생각할 수 없습니다. 그런 게 있다면 그건 사랑이 아닌 뭔가 다른 것이겠지요. 그리고 애독서를 곱씹는데 소화제 같은 게 왜 필요합니까? 인내심 있는 애독자를 갖길 바라는 작가는 이제 상당히 고독한 장소로 내몰린 모양입니다. 애독자를 찾기가 어려워졌기 때문입니다. 사람들은 마치 사람과 사람이 교제하듯이 책과 개인적인 교류를 맺는다는 식의 번거로움을 싫어하게 되었습니다. 생활에서도 개인적인 교류라는 게 인간생활상 얼마나 깊은 의미가 있는지를 생각하기 싫어하여, 집단 안에서 안이한 흥분을 찾기에 이르렀으니, 애독서니 뭐니 할 판국이 아닌 것입니다. 애독자란 말 대신 팬이란 말이 생겼습니다. 작가들도 이에 영합하여 문학 대신에 오락물을 제공하게 되었으니 그걸 솔직히 인정하면 될 텐데, 사소설로부터의 탈피라는 둥 되잖은 핑계를 갖다 대기도 합니다.

문학서 같은 것은 다루기 쉽지 않다고 치고, 오직 지식만 전달하면 되는 학술서의 경우는 문제가 간단할까요? 간단했으면 좋으련만, 이쪽도 책이 너무 많다는 상황에 휘말려 희한한 일이 벌어졌습니다. 과거의 학자들은 학문의 전 영역에 걸쳐 지식을 가지고 있었고, 또 가지려고 노력했고, 그렇지 못하면 학자 축에 들지 못했습니다. 그런데 오늘날에는 이제 그런 일은 학자들에게 불가능해졌습니다. 학문의 진보가 연구자에게 전문화의 길을 강요하는 것은 당연한 일 아니냐고 항변하겠지만, 이 말을 뒤집어보면, 책이 너무 많아서 학자들은 전문화의 궁지로 내몰리고 말았다는 말이 되겠지요. 물리학자는 심리학에 무지할 테고, 생물학자는 경제학에 무지할 테지요. 그렇다기보다도 연구방법이든 대상이든 정확하고 공통된 자연과학의 영역만 해도 그런 종합적인 지식이 한 사람에게 집중되는 일은 불가능해진 듯합니다. 서로가 다른 부문의 연구에는 무지한 사람들의 두뇌에 있는, 각각의 어마어마한 지식이, 연구 메커니즘이 공통된다는 오직 그 이유만으로 모입니다. 그렇게 모이게 되면, 예를 들어 원자폭탄이 터지는 형국이 됩니다. 한 발의 원자폭탄을 폭발시키는 데 얼마나 많은 유능한 인간이 협력했느냐, 그런 질문은 우스꽝스럽잖습니까. 실제 오늘날의 자연과학은 거대한 비인간적인 조직으로 변해 있는 듯합니다. 과학을 선용하는 것도 악용하는 것도 인간의 마음에 달려 있습니다. 그야 그렇지만 현대문명의 초석인 자연과학의, 그런 현대적인 성질이 인간의 마음가짐에 얼마나 크게 작용할지를 아울러 생각해봐야겠지요. 현대인은 기계의 노예라는 말을 흔히 하는데, 과학이 드디어 세세한 전문적 부문으로 갈라져 가고, 그러는 사이에 궁지에 몰린 연구자들은 과학의 종합적 지식도, 과학의 의미도, 과학의 운명도 염두에 두지 않고, 매일 기계적으로 반복하는 실험에 몰두하고 있다면, 아니 그렇게 단순하고, 자만심 강하고, 몰상식하고, 몰인정한 연구자의 수가 늘어나면 늘어날수록 점점 더 과학이 발전한다는 상황에 처했다면, 과학이란 더 이상 인간 정신의 활동이라고는 말하기 어렵겠지요. 진리 추구란 구실에 불과합니다. 과학은 이제 커다란 기계라고 할 수 있을 겁니다. 오늘날에도 대과학자라는 사람이 존재하고, 과학적 진리에 관해, 그 철학적인 의미에 관해 이리저리 고민하고 있을 수도 있겠지요. 그러나 그런 높은 수준의 의혹에는 이 커다란 기계의 운전을 멈추게 할 힘이 없을 겁니다. 최근에 유행하고 있는 심리학이니 사회학이니 하는 인간에 관한 과학도 물질에 관한 선행 과학을 모범으로 삼지 않을 수 없으니, 역시 전문적인 분업화를 하지 않으면 그 성과를 기대할 수 없는 방향으로 나아가겠지요. 이 자만에 찬 젊은 과학은 오늘날 물리학 대가가 조우하고 있을 과학적 진리에 관한 서글픔 따위는 아직 경험하지 못했을 겁니다. 취급하는 대상의 모호함도, 연구 성과에 대한 숫자화의 불가능성도 학자들을 낙담시키지 않을 겁니다. 도리어 그 때문에 자신감을 갖고 언어에 의한 합리적인 설명에 돌진하고 있습니다. 그 종말은 어떻게 될까요? 알고도 남을 이야기죠. 예를 들어 인격심리학이 마침내 인격에 도달할 것이라고 믿는다면, 저는 하루도 살아 있을 수 없을 겁니다. 이런 과학의 방향이 일반인들의 지식이라든가 교양 같은 것의 방향을 정하고 있는 모양입니다. 지식은 결코 몸에 배지 않습니다. 결코 몸에 배지 않는 게 지식이라는 것은 과학의 원칙입니다. 저는 출판사의 편집 고문을 맡고 있는 관계상 학자라는 사람들의 생태를 잘 알고 있어서, 학자란 교양 있는 사람이라고 여길 만한 감상적인 견해는 갖고 있지 않습니다. 노벨상을 받는 일의 어디가 인간으로서의 가치와 관계된단 말입니까? 나는, 결코 바보가 아닌데도 인생에 방황하며 어쩔 줄 몰라 하는 사람을 더 좋아하고 또 교양 있는 사람이라고도 생각합니다. 현대의 교양인은 내가 하는 말을 역설이라고 매도하겠지요. 그것도 견해의 차이니 어쩔 수 없는 일이지요. 책이 너무 많다는 이야기가 딴 데로 샜습니다. 오늘은 이 정도로 해두겠습니다.

책이라는
반려

        젊은 시절부터 책을 좋아한 나는 몰입하여 읽은 책도 꽤 많지만, 지금은 책도 더 이상 나를 몰입시키지 못하게 되었다. 새로 나온 책들을 섭렵하는 일도 없어지고, 예전에 읽은 책을 다시 한번 천천히 읽어보는 일이 많아졌다. 그렇게 되고 나니 오히려 독서의 즐거움이란 걸 역력하게 자각할 수 있게 된 듯하다.

  왕년의 격렬했던 지식욕이나 호기심을 떠올려보면, 그런 것들은 책과 나 사이에 개입된 무용지물처럼 느껴진다. 그런 게 제거되니 비로소 책과 직접적이고도 일상적이고, 자유로운 교류의 길이 열린 느낌이다. 책이라는 반려, 예전에는 이걸 잘 몰랐다. 나는 지금도 여전히 내 방식대로만 책을 읽는데, 이렇게 내 방식대로 읽는 게 뜻밖의 회답을 기대하며 책에 말을 거는 관계를 만들어 주었다.

국어라는
큰 강

　어느 날, 딸이 국어 시험문제를 보여주며, 무슨 말인지 통 알아먹을 수 없는 문장이라고 했다. 내가 읽어보니 진짜 악문이었다. '이런 문장에서 어떻게 의미를 찾겠느냐, 그냥 모르겠다고 답하면 된다'고 말했더니, 딸아이는 웃음을 터트렸다. "이 문제는 아빠가 쓴 책에서 가져온 거라고 선생님이 말씀하셨어요"라는 말을 듣고는 어이가 없었다. 요즘 들어 내 스스로도 집에서 지적질이 심해졌다고 자각하던 차에 이런 일이 생기니, 아버지 체면이 말이 아니게 되었다. 교육 문제는 정말 어렵다.
　사실은 그 후에도 똑같은 경험을 몇 번이나 했다. 지인의 자녀한테서 그런 이야기를 들은 적도 있고, 또 어느 날은 지방 신문사에서 전화가 걸려와, 그 지방의 어느 학교 입학 시험문제에 귀하의 문장이 출제되었는데 의미가 모호하여

학부모들 사이에서 문제가 되고 있다. 글쓴이의 정확한 답안을 신문에 게재하고 싶으니 답변을 부탁한다며, 내가 옛날에 쓴 문장을 장황하게 읽는 걸 들어야 했다. 듣다가 차츰 심기가 불편해졌다. "정확한 의미는 말이죠", "네, 네", "당신이 읽은 글자 그대롭니다" 하고 찰카닥 전화를 끊어버렸다. 그런 적도 있었는데, 쌍방이 다 불쾌해질 뿐이다.

물론 나는 내 문장을 무단으로 차용했다고 트집 잡는 게 아니다. 무단 차용이라면, 나도 비평으로 먹고사느라 늘 하는 짓이다. 상대방이 양해를 구하는 경우에도 나는 역시 뭐라고 답해야 할지 모른다. 문학자들에게, 최근에는 누구에게든 그런 식이겠지만, 이 부분의 문장을 국어 교과서에 차용하고 싶다, 동봉한 엽서로 승낙 여부를 회신해달라는 편지가 여기저기서 바람처럼 날아온다. 조잡한 교과서들이 범람하는 현실을 모르는 바 아니나, 한편으로는 국정교과서로 철저히 주입되는 교과서 신성주의의 실감이 여전히 내 마음속에 엄존하는지, 내가 쓴 문장이 국어의 모범이 되다니 명예롭다는 생각이 들기도 한다. 그건 그렇고, 승낙 여부를 묻는, 나의 토막 난 문장이 언제나 마음에 차지 않는다. '내가 쓴 글 중에는 그보다 더 나은 문장도 있으련만 하필이면'이라는 생각을 하지만, 내 쪽에서 진언할 처지도 못 된다. 그렇다고 해서 단칼에 거절할 이유도 없다. 특히 교과서에 실느냐 마느냐 하는 문제는 책의 판매 부수에 크게 영향을 미친다는 면에서 더욱 거절하기 어렵다. 마음이 내키지 않아서 답을 미루고 있으면 재촉이 온다. 그럴 즈음에는 회신용 엽서들이 여기저기 널려 있어, 어느 게 어느 출판사 것인지 분간도 안 된다. '에라, 모르겠다' 하고 모든 엽서에 승낙한다고 체크해서 보내버리고 만다.

삼십 년이나 글을 쓰다 보면, 꽤 다양한 글들이 쓰였구나 하는 생각이 든다. 왜 이런 식의 말을 하느냐 하면, 자기가 쓰는 문장만큼 자기 뜻대로 되지 않는 것도 없다는 걸, 좋든 싫든 경험이 가르쳐주었기 때문이다. 따라서 글쓰기는 아무리 시간이 지나도 쉽지 않다. 자기 글에 관한 자신의 지배력을 과신하던 나의 철부지 시절은, 다른 문학자들에 비해서 상당히 길었다고 생각된다. 그건 물론, 나의 기질 때문이기도 하겠지만, 비평이라는 글의 형식 때문이기도 했다. 분석하고, 지적하고, 주장하고, 의견을 개진하고, 이런 일만 계속하다 보면, 자기 문장을 자유자재로 구사하고 있는 줄 착각한다. 착각 정도가 아닐지도 모른다. 문학자로서는 거의 도착증에 가깝다. 말하자면, 제일 잘 썼다고 여길 때가 제일 자기 문장을 파괴해버린 때이기 때문이다. 이런 표현에도, 역시 나의 개성이 드러날 수밖에 없음은, 문학의 문제라기보다 오히려 심리학의 문제일 것이다. 어찌 되었든 어느 누구에게도 상의할 수 없는 그런 일의 뒤처리에 나는 오랫동안 애써왔고, 지금도 애쓰고 있다. 이런 남자의 문장이 국어 교과서에 적합할 리 없음은 누구보다 본인이 더 잘 안다.

물론 기뻤던 경험도 없지는 않다. 하지만 딱 한 번뿐이었다. 야나기타 구니오(柳田國男)가 자신이 편찬하는 교과서에, 산에 관한 나의 기행문 전문*을 채택해주었을 때이다. 기뻤던 것은, 내 문장 중에서 굳이 선택하겠다고 한다면 그런 종류의 문장밖에는 달리 없을 거라고 여겼기 때문이다. 그 이유를 대라고 하면, 기행문은 하여튼 문장 체재를 제대로 갖추고 있다는 간단명료한 이유에서인데, 독본의 예문을 선택하는 이유로서 더 이상 무엇이 필요하겠는가. 새 독본을 편찬하려는 사람들은 참신한 이유를 이것저것 붙여야 할 것 같은 유혹에 빠지기 쉽겠지만, 내 생각은 그러하다. 명문장이라는 말이 과거의 유물로 되어버린 지금 '문장의 형식을 갖추고 있는지 없는지를 무슨 기준으로 구분하느냐'라는 난제가 당장 대두될 것 같은데, 오늘날처럼 사방이 문제투성이인 상황에서는 난제라는 것에 대해서도 나는 아주 조심스러워진다. 문장의 좋고 나쁨을 구별하는 데는 두뇌만으로 부족할 것이다. 그 부족한 두뇌가 쓸데없는 난제를 만들어 낸다. 그런 거라고 해두는 것도 현명하리라. 국어와 국민은 두뇌로 연결되어 있는 게 아니다. 문장의 매력

* 「가야노다이라를 다녀와서(カヤの平)」가 도쿄서적에서 출간한 고등학교 2학년 국어 교과서에 일부 편집을 거쳐 수록되었다.

을 수긍하기에는, 누구라도 이른바 내부에 있는 어떤 감각 같은 것에 의지할 수밖에 없다. 이런 감수성에는 문체의 소재^{所在}를 감지해 내는, 완만하지만 착실한 지혜가 깃들어 있다. 완만한 지혜이므로 나날이 바뀌는 의견이나 견해에는 부응할 수 없지만, 서서히 끊임없이 변해가는 문장의 모습에는 잘 응화^{應和}해 간다. 국어라는 큰 강은 다른 강바닥을 골라 흐를 수 없다. 그런 감수성을 키우는 것이 국어교육의 전제일 것이다. 그러나 다망한 사람들은 모두 전제라는 말의 뜻을 뒤바꾼다. 전제 같은 건 알고도 남으니까 그다음을 생각해야 한다는 둥 태연히 말한다.

비평가라는 사람은 남을 이러쿵저러쿵 평하는 데 선수라고 세인들은 알고 있지만, 실제로는 무엇보다 자신을 제대로 비평할 줄 모르면 비평으로 먹고살기 힘든 법이다. 교육도 마찬가지다. 자기 교육이 교육의 전제다. 물론 나의 독단 같은 게 아니다. 공자라는 대교육가가 세운 교육원리다. 전쟁 정도로는 변할 리 없기 때문에 원리라고 부르는 것이고, 또 그렇기 때문이야말로 시의적절하게 실제로 교육 효과를 올리는 것도 이런 원리의 힘밖에 없다. 패전 후 새로운 교육원리라는 것이 입에 오르내리게 되었는데, 원리라는 말의 남용이라고밖에 생각되지 않는다. 오히려 그 말은 동요하는 혁신교육가의 심리를 확실하게 대변하는 듯이 보인다. 동요하는 사태에는 동요하는 심리로써 대응한다. 그게 가장 현실적이고 올바른 자세라고 순진하게 믿고 있으니, 그럴듯한 이유를 갖다 붙인 원리가 얼마든지 나오는 것이다. 다들 그럴듯한 이유를 갖다 붙이길 좋아한다. 환자는 다 열이 있다는 소리나 똑같다. 그럴듯한 이유는 결코 실질적인 효과를 거두지 못한다. 효도는 현대에서는 의심스러운 덕목이다. 왜 그렇게 다들 움찔움찔하며 이유를 갖다 대는 걸까. 인류는 영원히 효도하기를 멈추지 않을 것이다.

가야노다이라를
다녀와서

              지난번에 미요시 다쓰지三好達治가 나가노현 홋포 관련 글을 신문에 썼다. 홋포에 비행기가 날아왔을 때, 덴구노유* 여관 주인이 "이건 굉장한 땅울림이 생기겠는데"라며 채비를 갖춰 산으로 살펴보러 나갔다는 구절을 보고 생각이 났다고 말하면 대단히 실례가 되겠지만, 실은 이시하라 이와오에게 고원에 대해 글을 쓰라는 강요를 받고 도리 없이 떠올리게 된 것이다. 덴구노유 여관 주인에게는 상당히 신세를 진 적이 있는데, 그런 일이라도 쓰지 않으면 쓸거리가 없다. '홋포라는 곳은 고원이냐'고 후카다 큐야**에게 물으니 여러 설이 있으나 일단은 고원이

---

*   天狗の湯. '덴구의 목욕탕'이란 뜻으로, 덴구는 얼굴이 붉고 코가 큰 상상의 괴물이다.
**   深田久弥(1903-1971). 작가, 등산가. 고바야시 히데오와 함께 『문학계』 동인으로 활동. 패전 후에는 산악기행, 산악수필을 쓰며 활약했다.

라고 해서 그 점은 안심했는데, 산 명칭 같은 것은 잘못 적을 수도 있다. 나중에 후카다가 고쳐주겠노라고 하나 그건 불쾌하니까 거절해둔다.

작년 2월이었을 것이다. 후카다와 함께 홋포로 갔다. 두 사람 다 원고 마감이 임박했는데 집에 있자니 눈은 내리고 일이 손에 잡히지 않아, 스키를 한 번 더 타고 오면 마음이 가라앉겠다 싶어 떠났는데, 돌아와서도 마음만 더 싱숭생숭해지니 아무 소용이 없다. '그렇다면 스키를 타면서 글을 쓰면 되지 않을까' 의기투합하여 홋포로 떠난 것이다. 후카다는 잡지 비평을 쓰기 위해 배낭에 스물 몇 권의 잡지를 쟁여 갔는데 스키를 타면서 한 권씩 골짜기에 버릴 작정이라고 한다. 내가 쑤셔 넣은 것은 사전류들이라 그렇게는 못하겠다는 둥, 우리는 야간열차 안에서 한잔하면서 떠들었다. '아무튼 오전에는 반드시 쓰자, 왜 이런 명안을 진작 생각지 못했을까'라는 둥. 물론 두 사람 다 속으로는 '명안은 무슨 명안' 하고 비웃었다.

홋포는 대설이었다. 보슬보슬한 가루눈이 매일 같이 내렸다. 눈이 잠시 멈춘 사이 얼어붙을 것 같은 밤하늘에 별과 함께 저 멀리 나가노의 불빛이 보였다. 매섭게 찬 산기운 속에서는 일이 손에 잡히지 않았다. 밤에는 램프 불빛이 어둡다는 핑계로 맥주를 마시고, 아침에는 잉크가 얼었다는 구실로 밖으로 나갔다. 도착한 다음 날 온천으로 올라가는 초입의 계류 근처에서 자작나무에 붙여놓은 전단지를 발견했다. '홋포에서 게나시산 넘기 스키 숙녀 코스'라고 쓰여 있다. '적극 참가하기 바람. 단, 산 스키에 자신 있는 분'이라고 되어 있다. '숙녀 코스라니 무슨 뜻이지? 사람 손을 타지 않은 데가 없다는 의미인가'라며 낄낄거린 것까지는 좋았으나, '산 스키에 자신 있는 분'이라는 대목이 걸린다. 텐구노유 여관 주최다. "텐구노유는 우리가 묵고 있는 여관이잖아. 그러니 조만간 우리한테도 연락이 올 걸세"라고 후카다가 말했지만, 나는 단서가 못마땅해서 잠자코 있었다. "이보게, 참가할 텐가" 하고 그가 묻는다. 스키 탄 지 얼마 되지도 않은 내가 참가하니 마니 말할 처지가 아니다. 후카다는 내게 스키를 가르친 줄 아는 모양인데, 결코 가르쳐준 적이 없다. 애당초 유자와에 데려가긴 했으나, 새벽에 동도 트기 전에 정거장에 도착하여 숙소로 가지 않고 그대로 겔렌데*로 끌고 갔다. 처음에는 스키를 신고서는 산에 올라가기 힘들 거라며 스키를 짊어지게 하더니 위로 올라가서는 등불 빛으로 스키 신는 법을 가르쳐주고 난 후, 이제부터는 자연에 몸을 맡기라며, 혼자 미끄러져 내려가 보이지도 않았다. 다음 날은 이와파라의 꽁꽁 언 설산 가장 높은 데로 데려갔는데, 역시 자연에 몸을 맡기게 되었

---

*   활강 코스.

다. 몸을 맡긴 결과, 제 스키로 머리에 큰 혹을 만들고 왼쪽 어깨를 삐었다.

후카다는 지도에서 '숙녀 코스'를 짚어보며 즐거워한다. 나는 지도를 봐봤자 잘 모르니까 그 옆에서 맥주를 마셔대며 체념하고 있었다. 눈보라가 멈추지 않는다. 눈이 멈추면 출발할 모양인데, 아무도 권하러 오지 않는다. 그도 그럴 것이 도착하여 이틀째 되던 날, 오는 눈을 헤치며 야케비타이산에 올라갈 때 덴구노유 지배인이 안내를 맡았는데, 그 지배인이 내 스키 실력을 간파해버렸기 때문이다. 지배인이 고바야시라는 자는 초짜라고 덴구한테 고자질했을 게 뻔했다. 이렇게 되자 내가 선수를 치지 않으면 묘한 상황이 벌어질 것 같아 출발하기 전날 밤, 로비 화롯가에서 먼저 이야기를 꺼내니 아니나 다를까 덴구는 떨떠름해 했다. "좌우지간 숙녀 코스라서"라며 말끝을 흐렸다. '너는 스키 방향이나 틀 줄 아느냐'는 말이다. 오른쪽으로는 틀 수 있다고 대답했다. "계류까지 내려오는 데 몇 번이나 넘어졌습니까" 하고 묻는다. 물론 몇 번이라고 셀 수 있는 정도가 아니라서, "오늘은 네 번 넘어졌어요"라고 대답했다. 덴구는 마지막으로 "1,700미터 높이 산을 일곱 차례나 넘어야 해요"라고 협박했다. 다행히 그런 설산에 대해 개념이 없는 터라 전혀 놀라지 않았다. 방으로 돌아오자, 후카다는 어이없어 하며 "자네 되게 뻔뻔하더군"이라고 말했다. '뻔뻔하고 뭐고, 기껏해야 산인데 못 갈 건 또 뭐냐'고 생각했다.

출발을 내일로 앞두고 지역 청년들이 저녁부터 여관으로 모여들었다. 눈보라가 그칠 줄 모르자 포기하는 사람이 많이 나온 모양이다. "요 정도 눈으로 주저앉을 바엔 아예 스키를 집어치워"라고 호통을 치며 덴구는 흥분했다. 건장한 젊은이들이 큰 소리로 떠들며 어두컴컴한 건조실에서 스키 손질에 여념이 없는 모습을 보려니, 슬그머니 '이거 큰일 났다' 하는 생각이 들었다. "왁스라는 거 안 발라도 될까" 하고 걱정스럽게 후카다에게 물으니, "실 스킨*을 붙이면 문제없네. 만일 그걸 붙일 시간도 없으면 새끼줄로 감아도 되고"라며 귓등으로 흘려버린다. 그렇다면 왁스 같은 걸 발라봤자 별 도움이 안 되겠다고 단념하고 일찍 잠자리에 들었다.

다음 날 어둠이 가시기 전에 준비를 모두 마쳤다. 여관 주인은 양복을 입고 헌팅캡을 썼다. 아주 잘 어울렸다. 단체 행동에 대해 한 차례 훈시를 하고 오줌을 아무 데나 누면 안 된다고 주의까지 주었다. 일행은 열세 명이었다. 선두에서 랜턴을 달고 일렬로 서서 움직이기 시작했다. 덴구의 딸이 일행에 섞여 있다고 하여 자신감이 샘솟았는데 큰 오산이었다. 그녀는 지배인 수준의 고수라고 하니 상대도

---

*   seal skin. 높은 곳으로 올라갈 때 미끄럽지 않도록 스키 뒷면에 붙이는 바다표범 가죽.

되지 않았다.

"자코강을 건넙니다" 하고 여관 주인이 소리쳤다. 자세히 보니 눈 사이를 강 같은 게 쫄쫄 흐르고 있다. 어마어마하게 내리는 눈 속에서 동이 텄다. 순식간에 하늘은 파랗게 맑아지고 눈은 순결하게 하얘져 갔다. 이와스게산 전체가 수빙으로 감싸여 동녘 하늘을 배경으로 복숭아 색으로 빛나기 시작했다. 하긴 멋진 경관 운운하며 호들갑을 떨 계제가 아니었다. 무엇보다 러셀*이란 건 사양하려고 맨 끝에서 두 번째에 끼어들어 갔는데 가당찮은 착각이었다. 선두가 지치면 꽁무니로 가게 되어 있어 떡가래 빠지듯 저절로 앞으로 밀려날 줄은 생각지도 못했다. 무릎까지 파묻히며 30여 미터쯤 걸어가니 어질어질 현기증이 났다. 내리막에서는 나 혼자 눈 천지인 숲속에 남겨져 꽤 고생했다. 차라리 러셀을 하는 게 나을 뻔했다. 가까스로 숲을 빠져나와서 저 멀리 보이는 일행을 따라잡으려고 안간힘을 썼다. 커다란 너도밤나무를 가랑이 사이로 꽉 껴안고 발라당 뒤집어져 겨우 얼굴만 공기에 노출되는 상황이 벌어지고, 온 힘을 다해 버둥거렸지만 꼼짝도 할 수 없었을 때에는 사방까지 괴괴해져 이러다가 죽나 보다 싶었다.

야케비타이산의 동쪽을 돌아 주쿠다이라로 나가 가야노

---

*   등산에서 앞서가는 사람이 눈을 밟아 다져 가며 나아가는 일.

다이라* 부근으로 가자, 쑥쑥 뻗은 너도밤나무의 표피가 보라색으로 보였다. 이러면 안 되지 싶어 머리를 흔들어봤으나 묘하게 주변이 아득해지는 듯 아름답다. 토끼가 여기저기서 튀어나올 때마다 일행은 환성을 질렀지만, 나는 토끼고 뭐고 꿈속을 헤매는 것 같았다. 가야노다이라에서 벗어나니 갑자기 시계가 열리고 상쾌한 바람이 강하게 불어와 새하얀 묘코산의 모습이 또렷하게 눈앞에 나타났는데, 이제 반쯤 왔고 지금부터 다이지로산으로 올라간다고 하여 울고 싶어졌다.

다이지로산을 앞에 두고 또 나 혼자 내리막에서 뒤처질까 봐 눈물을 머금고 온 힘을 쥐어짜며 올라가는데, 무슨 대학의 산악부원이라는 부우라는 자가 홀로 일행에 뒤처져, 지도 한 번 보고 경치 한 번 보고를 되풀이하고 있었다. 말을 걸 힘도 없어 그냥 일행을 뒤쫓아 갔는데, 어느 산인가의 꼭대기에서 나아갈 방향을 잡지 못하고 우왕좌왕했다. 부우가 길을 잘못 들었다고 주저 없이 말했다. 여관 주인이 말하는 다이지로산은 조쿠라라는 산이고, 게나시산이라는 것은 고샤산이라고 주장했다. 고샤산이라는 산은 분명 간바야시로 갈 때 전차 안에서 본 걸 기억하고 있어서, 마음속으로 엉뚱한 데로 잘못 갈 것 같은 예감이 들었지만,

---

*　カヤの平. 나가노현에 있는 평지.

하여튼 설왕설래하는 동안이라도 쉴 수 있는 게 얼마나 다행이냐 싶어 게나시산으로 가든 어디로 가든 알 바 아니라고 여기며, 나는 여관 주인의 딸이 준 초콜릿을 들고 사방의 경치를 둘러보았다. 부우의 게나시산이라는 산이 저 멀리에 동그랗게 털이 나 있었다.* 저녁 무렵이 다 되어 갔다. "자아, 한 번 더 달려 보자, 가자, 가자아"라며 청년들이 저마다 외쳤다. 각오는 하면서도 마음이 편치 않았다.

이윽고 부우라는 사람의 주장에 따라 마구세라는 부락으로 내려가기로 했다. 벌써 어둑어둑해져 어디가 움푹 파여 있고 어디가 불룩 튀어나와 있는지도 모른 채 계곡 길을 가다가 나만 수도 없이 굴러떨어졌다. 일행과 한참이나 떨어진 나를 위해 여관 주인과 지배인이 곁을 지켜주었는데 10미터도 못 가서 넘어지는 녀석과 같이 가자니 꽤 인내심이 필요했을 것이다. '나는 무슨 팔자로 이 지경이 됐나'라는 생각이 들자, 마치 호송이라도 당하는 기분이 들고 화가 치밀어 감사의 표정조차 짓지 못했다. 길다운 길로 나왔을 때는 이미 밤이었다. 우리 일행은 모닥불을 피워놓고 나를 기다려 주었다. 랜턴 불빛을 의지하며 마구세에 도착해서 내장이 얼어붙을 것 같은 물을 얻어 마시자, '에라, 모르겠다. 맘대로 끌고 다녀라' 싶었다. 나카무라 마을에 닿은

---

* 게나시산(毛無山)은 '털이 없는 산'이라는 뜻이다.

것은 12시가 넘어서였다. 이야마까지 가겠다는 일행과 떨어져 후카다와 나는 숙소를 찾아 들어가 술을 마시며, '좋은 경험을 했다느니' 마음에도 없는 소리를 지껄이다 잤다. 이튿날은 대낮까지 자고 일어나, 질리지도 않고 고샤산을 올라가 유다나카로 내려가자는 후카다의 제안에 찬성했다. 스키 코스에는 빨간 깃발이 꽂혀 있다고 했다. 다행히 가도 가도 빨간 깃발이 나오지 않자 되돌아 나와 기지마 역으로 가는 바람에 큰일을 치르지 않아도 되었다. 간바야시에 있는 온천으로 갔더니 구메 마사오* 등 일행이 도착해 있다가 "자네들이 행방불명이 되었다고 종을 쳐서 소방서에서 출동했네"라고 하여 송구스러운 마음이 들었다. 다음 날 마루이케 스키 산장의 뒷산에서 스키를 타다 에어십** 깡통을 날려버리려고 속력을 내며 미끄러져 내려가 부딪쳤는데, 깡통을 날리기는커녕 반동이 어찌나 심한지 나동그라지고 말았다. 스키는 꺾여 튕겨나가고 정강이도 부러졌나 싶을 정도로 아팠다. 자작나무 그루터기에 부딪힌 것이다. 숙소로 돌아와 보니 다리가 두 배는 부어 있어 깜짝 놀랐다. 같이 간 사진사가 요오드팅크를 탈지면에 듬뿍 적셔 대주었다. "별거 아닌 것 같아도 이게 제일 잘 낫죠." 아파 죽

---

* 久米正雄(1891-1952). 아쿠타가와 류노스케, 기쿠치 간과 함께 『신사조(新思潮)』를 창간하여 문학 활동을 시작한 나가노 출신의 소설가이자 극작가. 『우유 집 형제』 『파선』 등의 작품이 있다.
** 유명한 담배 이름. 1910년에 50개비가 든 깡통이 발매되었다.

겠는 걸 치료법이라고 하니 참고 견뎠는데 빨갛게 부풀어 올랐다. 도쿄로 돌아와 피부가 으깨진 형편없는 다리를 의사 친구에게 보였더니 어이없어 하며 "요오드팅크를 발라 놓다니 몰상식하군"이라고 했다.

"그래도 이게 제일 효과가 있다고 했네."

"누가 그딴 소릴 하던가?"라고 묻는데 '사진사가'라고까지는 대답하지 못했다.

미를
추구하는 마음

　　　　　　요즘은 전람회나 음악회가 빈번하게 열려, 그림을 관람하거나 음악을 듣는 사람들이 급격히 늘어난 것 같습니다. 그래서일까요, 젊은이들이 종종 그림이나 음악에 대해 의견을 물어옵니다. '최근의 그림이나 음악은 어려워서 잘 모르겠다, 이해를 잘하려면 어떤 공부를 해야 하나, 어떤 책을 읽으면 되나' 이런 질문들이 많아졌습니다. 나는 "그림이나 음악에 관한 책을 읽는 것도 좋지만, 그보다는 아무 생각 말고 많이 보고 많이 들어라. 그게 제일 중요하다"라고 대답하곤 합니다.

　극단적으로 말하면, 그림이나 음악을 아냐 마냐 따지는 것부터 벌써 잘못된 생각입니다. 그림은 눈으로 즐기는 것이고, 음악은 귀로 듣고 감동하는 것이지, 머리로 아니 마니 할 거리가 아니라는 말입니다. 우선 무엇보다도 봐야 합니다. 들어야 합니다. 이렇게 말하면 다 아는 이야기라고 여러분은 말하겠지요. 그러면 나는 '전혀 다 아는 이야기가 아닐 거다, 여러분은 필시 그런 말을 곰곰이 생각해본 적이 없을 거다'라고 반박하고 싶어집니다.

그래도 여러분은 '옛날 그림은 보면 알겠는데, 요즘 그림은, 예를 들어 피카소의 그림은 아무리 봐도 뭐가 뭔지 모르겠다'라고 말하고 싶을 겁니다. 그렇다면 나는 이렇게 말하겠습니다. 여러분이 옛날 그림을 보고 안다는 말은, 그런 그림에 여러분의 눈이 익숙해져 있다는 말이 되겠지요. 피카소의 그림이 이해되지 않는다는 말은 그 그림이 눈에 익은 모습이 아니기 때문이겠지요. 익숙해지면 여러분은 더 이상 모르겠다는 말을 하지 않을 겁니다. 그렇기 때문에 눈에 익히는 게 제일 중요하다고 말하는 겁니다. 머리를 쓰기보다 눈을 쓰는 게 더 중요하다는 말입니다.

본다든가 듣는다든가 하는 일을 간단하게 생각해서는 안 됩니다. 멍하니 있어도 귀에는 소리가 들려오고, 보려고 애쓰지 않아도 눈앞에 있는 것은 자연히 보입니다. 귀가 먼 사람도 있고, 근시인 사람도 있겠지만 그런 경우는 질환에 해당하고, 건강한 눈이나 귀가 있기만 하면 누구나 보거나 듣는 게 가능한, 어렵지 않은 일입니다. 그러니 머리로 생각하는 건 어려울 수도 있고, 생각하려면 노력도 필요하지만, 보거나 듣는 것에 무슨 노력이 필요하냐? 그렇게 반문

할지 모르나 그건 잘못된 생각입니다. 보는 것도 듣는 것도 생각하는 것과 마찬가지로 어렵고도 노력이 필요한 일입니다.

예를 들면, 야구 선수의 눈에는 여러분보다 공이 훨씬 더 잘 보일 겁니다. 어떤 지인에게 들었는데, 가와카미 선수*는 타격 컨디션이 좋을 때는 공이 눈앞에 멈춰 보인다고 하더랍니다. 나는 과장된 말이 아니라고 생각합니다. 공이 그렇게 보이기까지 눈을 쓰는 노력과 훈련을 얼마나 많이 했을까요. 화가나 음악가도 마찬가지로 색을 보고, 소리를 듣는 훈련과 노력을 거듭한 결과, 보통 사람은 믿기 어려울 만큼 색의 미묘한 차이를 구별하게 되고, 섬세한 소리를 구분 지을 수 있게 되었을 겁니다. 위대한 그림이나 음악은 그런 눈이나 귀를 가진 사람의 색이나 소리의 조합이므로, 그저 멍하게만 있으면 그림은 저절로 눈에 들어온다, 음악은 귀에 들려온다, 그런 일은 있을 수 없습니다.

우리가 생활 속에서 눈을 어떻게 쓰고 있는지 생각해보세요. 특별히 아무 목적도 없이 물건의 형태라든가 색조라든가 그 조화의 아름다움이라든가 그런 걸 본다는 것, 말하자면 오직 뭔가를 보기 위해서 본다, 그런 식으로 눈을 쓰는 일이 얼마나 적은지 알겠지요. 예를 들면 시계를 보는

---

*   프로 야구선수. 1938년, 요미우리 자이언츠에 입단하여 전성기를 구축했다. 현역 시절에 '타격의 신'으로 불렸다.

건 시간을 알기 위해서입니다. 그러니까 시계를 봐도 바늘 밖에 보이지 않습니다. 사과는 먹는 것이고, 의자는 앉는 것입니다. 그러니까 사과가 얼마나 아름다운 색조를 띠고 있는지, 보고 또 보는 사람은 많지 않습니다. 매일 앉는 의자가 어떤 형태인지 정확히 인식하고 있는 사람은 거의 없을 겁니다.

사적인 얘기를 하자면, 나는 런던의 던힐 가게에서 별 특징은 없으나 고풍스러우면서 근사한 라이터를 발견하고 사왔습니다. 서재의 책상 위에 놔두었더니, 여태까지 나를 찾아온 많은 방문객이 그 라이터로 담뱃불을 붙였는데, 불을 붙이면서 자세히 살펴보고 참 근사하다고 말해준 사람은 한 사람도 없었습니다. 아니, 눈여겨본 사람은 있었으나 언뜻 보고는 바로 물었지요. '이건 어디서 샀느냐, 던힐이네, 얼마 줬느냐' 그걸로 끝입니다. 묵묵히 일 분도 바라보지 않았습니다. 그게 뭐가 이상하냐고 따지지 마세요. 여러분, 시험 삼아 라이터를 일 분간 가만히 바라보세요. 일 분 동안 얼마나 많은 게 눈에 들어오는지 놀랄 겁니다. 그리고 라이터의 모습만 묵묵히 바라보는 일 분이 얼마나 긴지 놀랄 겁니다. 본다는 건 말하는 게 아닙니다. 말은 눈에 방해가 될 뿐입니다. 예를 들어 여러분이 들판을 걷다가 예쁜 꽃이 한 송이 피어 있는 걸 봤다고 합시다. 가만히 보니 제비꽃입니다. "뭐야, 제비꽃이네"라고 판단한 순간 여러분은 더 이상 꽃의 모양도 색도 보려고 하지 않을 겁니다. 여러분은 마음속으로 말을 한 거죠. 제비꽃이라는 말이 여러분 마음속에 들어오면서 여러분은 그만 눈을 감은 것입니다. 그만큼 묵묵히 뭔가를 본다는 것은 어려운 일입니다. 제비꽃이라고 파악했다는 것은 꽃의 자태나 색의 아름다운 느낌을 말로 치환해버렸다는 말입니다. 말의 방해를 받지 않고 꽃의 아름다운 느낌을 그대로 유지하며 묵묵히 꽃을 바라보면, 꽃은 여러분에게 일찍이 본 적 없는 아름다움을 그야말로 한없이 드러내 보일 것입니다. 화가는 다들 그렇게 꽃을 바라보았던 겁니다. 몇 년이고 몇 년이고 똑같은 꽃을 보며 그리는 것입니다. 그리하여 완성된 꽃 그림은 역시 화가가 꽃을 보던 방식으로 보지 않으면 아무 의미가 없겠지요. 그림은, 화가가 묵묵히 바라본 아름다운 꽃의 느낌을 나타냅니다. 꽃 이름 같은 걸 나타내는 게 아닙니다. 뭔가 묘한 것이 있으면, '이게 뭐지?' 하고 여러분은 주의 깊게 봅니다. 그 묘한 것의 이름을 알고 싶어서 보는 것입니다. '뭐야, 제비꽃이네' 하고 알게 되면 더는 보려 하지 않습니다. 그건 호기심일 뿐이지 작가가 본 걸 보는 게 아닙니다. 화가가 꽃을 보는 것은 호기심 때문이 아닙니다. 꽃에 대한 애정 때문입니다. 애정이 있기 때문에 평범한 제비꽃인 줄 뻔히 알면서도 질리지 않고 보는 것입니다. 호기심만으로 피카소의 전람회 같은 데를 가봤자 아무 의미가 없습니다.

아름다운 자연을 바라보며, 혹은 아름다운 그림을 바라보며 감동했을 때, 그 감동을 도저히 말로 표현하기 어려웠던 경험은 누구라도 있을 겁니다. 여러분은 달리 표현할 길이 없어 아름답다고만 말하겠지요. 이 달리 표현할 길이 없는 것이야말로 그림 그리는 사람이 여러분의 눈을 통해 직접 여러분의 마음에 전해지길 바라는 부분입니다. 음악은 여러분의 귀로 들어가 곧바로 여러분의 마음에 닿아 감동이 물결치게 합니다. 아름다운 것은 여러분의 입을 다물게 합니다. 아름다움에는 사람을 침묵시키는 힘이 있습니다. 이것이 아름다움이 갖는 근본적인 힘이고 근본적인 성질입니다. 그림이나 음악을 진정으로 이해하기 위해서는 이런 침묵의 힘을 견디는 경험을 자주 맛보는 방법 외에 달리 없습니다. 그러므로 그림이나 음악에 대해 해박한 지식을 갖고 이런저런 의견을 개진하는 사람이 반드시 그림이나 음악을 잘 아는 사람이라고도 할 수 없습니다. 안다는 말에도 여러 가지 의미가 있습니다. 인간은 여러 가지 이해력을 갖기 마련이기 때문입니다. 그림이나 음악을 이해한다는 건 그림이나 음악을 느끼는 것입니다. 사랑하는 것입니다. 지식이 얄팍하고 어휘력이 조금밖에 없는 아이라도, 뭐든지 머리로 이해하려고만 하는 어른보다 아름다운 것에 관한 경험은 훨씬 깊이가 있을지도 모릅니다. 실제로 뛰어난 예술가는 어른이 되어도 동심을 잃지 않는 법입니다.

여러분은 이렇게 말할지도 모르겠습니다. '그림이나 음악이 나타내는 아름다움은 표현할 길이 없을지도 모른다, 이런 걸 음미하는 데는 말 따위는 도리어 방해가 될지도 모른다, 그렇다면 시는 어떤가, 시는 말로 이루어진 것 아닌가' 하고. 그러나 시인 역시 마찬가집니다. 그 말대로 시인은 언어로 시를 만듭니다. 말로 표현할 수 없는 것을 어찌하면 말로 나타낼 수 있을지 궁리에 궁리를 거듭하여 성공한 사람을 시인이라고 부르는 것입니다.

다고포구에서 배를 타고 나가 뒤돌아보니 후지산 꼭대기에 하얀 눈 쌓여 있네*

이 와카^{和歌}는 누구나 알고 있는 야마베노 아카히토^{山部赤人}의 유명한 시구입니다. 시의 의미도 글자 그대로여서 누구든지 쉽게 알 수 있습니다. 현대에서 사용하지 않는 단어는 '田児の浦ゆ^{다고포구에서}'의 'ゆ'뿐입니다. 'ゆ'는, 예를 들어 '도쿄에서 나고야로'의 '에서'에 해당합니다. 만일 여러분이 이 시를 읽고 아름다운 시라고 느꼈다면, 여러분에게 아름답다고 느끼게 만든 것은, 이 시의 글자 그대로의 의미가 아닐 테지요. 역시 후지산을 봤을 때 말로 표현할 수 없는

---

* 田児の浦ゆ打出でて見れば真白にぞ富士の高嶺に雪はふりける.

미를 추구하는 마음

아카히토의 감동이 여러분의 심금을 울렸기 때문 아닐까요? 시인은 말로 표현하기 어려운 감동을, 화가가 색을, 음악가가 음을 사용하듯이, 언어를 사용하여 나타내려고 궁리합니다. 보다시피 시인이 사용한 말도 여러분이 일상생활에서 사용하는 말과 똑같습니다. 말이란 것은 제 맘대로 혼자 발명할 수 있는 게 아닙니다. 시인이라도 모두가 사용하고 잘 아는 말을 채택할 수밖에 없습니다. 다만 시인은 그런 일상적인 말을 면밀하게 선택하여 요리조리 조합시켜 또렷한 와카의 모습을, 시의 형태를 만들어 내는 것입니다. 그리하면 일상의 말은 이 모습과 형태 속에서 평상시에 전혀 갖지 못했던 매력을 얻게 됩니다. 아카히토의 와카가 그냥 보기에는 어려움 없이 자연스레, 아카히토의 감동이 그대로 말이 된 것처럼 여겨지겠지만, 실은 고심에 고심을 거듭한 결과물입니다. 고심한 티를 밖으로 드러내지 않는 점이 대가인大歌人의 고심이었던 것입니다.

그건 그렇고, 앞서 여러분이 일상생활에서 어떤 식으로 눈을 사용하는지에 대해 말했는데, 여기서도 그러면 어떤 식으로 말을 사용하는지 성찰해보길 바랍니다. 예를 들면, "담배 주세요"라고 누가 말했고, 담배가 손에 들어왔다면, "담배 주세요"라는 말에는 더 이상 볼일이 없어집니다. 그 말은 버려집니다. 아니, "담배 주세요"라는 말이 상대에게 통하고 나면 더 이상 그 말이 필요 없어지지요. 상대방도 그 말이 이해되고 나면 더는 그 말을 필요로 하지 않습니다. 일상생활에서 말은 용무가 끝나면 다 사라져버립니다. 그런 식으로 사용되는 것을 여러분은 다 잘 알고 있겠지요. 말은 인간의 행동과 이해를 도모하기 위한 도구입니다.

그런데 와카나 시가 여러분에게 뭔가를 하라고 명령하던가요? 내 기분이 이해됐느냐고 묻던가요? 여러분은 와카를 접하며 뭔가를 하지도 않고, 뭔가를 이해하지도 않습니다. 오직 아름답다고 느낄 뿐입니다. 무엇을 위해 느끼는가? 무엇을 위해서도 아닙니다. 그냥 아름답다고 느끼는 것입니다. 와카나 시는 이해하고 나면 그것으로 끝, 그런 게 아니지요. 그러면 와카나 시는 알 수 없는 것이냐. 그렇습니다. 알 수 없는 것입니다. 이 점을 잘 생각해보세요. 어떤 말이 이러이러한 의미라고 알기 위해서, A라는 단어를 B라는 단어로 고치기도 하고, A라는 단어 대신에 B라는 단어로 바꿔 넣을 수도 있습니다. 바꿔 넣고 보니 납득이 간다는 말이지요. 그러면 아카히토의 와카를, 다른 단어로 대체해도 되겠습니까? 그건 안 됩니다. 그런 의미에서 와카는 정말이지 알 수 없는 것입니다. 와카는 의미를 알아야 하는 말이 아닙니다. 느낄 수 있는 말의 모습, 형태인 것입니다. 말에는 의미도 있지만 모습, 형태라는 것도 있음을 명심해주기 바랍니다.

말의 모습이라고 해도 눈에 보이는 활자의 모양을 말하

는 게 아닙니다. 여러분 마음에 직접 비치는 모습을 말하는 것입니다. 이 와카의 모습이라고 하는 것은 예로부터 일본의 가인이 와카에서 가장 중요한 요소로 삼아온 것입니다. 서양에서는 시의 '폼form'이라고 하는데, 이 폼이란 말은 오늘날 '형식'이란 단어로 번역되고 있으나, 폼이라는 서양의 고어는 일본에도 예로부터 있던 '모습'이라는 말로 번역하는 게 더 낫다고 봅니다. 그건 그렇고, 모습이 멋진 사람이 있듯이 모습이 멋진 와카도 있습니다. 아카히토가 쓴 노랫말은 눈이 하얗게 쌓인 후지산 같은 아름다운 모습을 하고 있는 것입니다. 그래서 아카히토는 후지산을 봤을 때의 감동을 말로 나타냈다, 또는 말로 표현했다기보다는 그런 감동에 말로 모습을 부여했다고 하는 편이 맞을 것입니다. 감동이란 것은 글자 그대로 감정이 움직이는 상태입니다. 움직이긴 하나 곧 잠잠해지다가 사라져버립니다. 그런 강렬하지만 불안정한 감동을 말을 사용하여 다듬어서 움직이지 않는 안정된 모습으로 만들었다고 하는 편이 맞을 것입니다.

우리의 감동이란 것은 스스로 외부에 나타납니다. 얼굴 표정으로 나타나기도 하고, 외치는 소리로 나타나기도 합니다. 그러다 감동은 사라져버립니다. 하나 아무리 아름다운 것을 봤을 때의 감동도 그런 식으로 저절로 외부에 드러나면 아름답지 않을 테지요. 그럴 때 사람의 표정은 추해

보일지도 모르고, 또 우스꽝스러울지도 모릅니다. 그럴 때 외치는 소리만 해도 결코 아름다울 리 없습니다. 예를 들어 여러분은 슬프면 웁니다. 하지만 아주 우스울 때도 눈물이 나지 않습니까. 눈물은 와카가 아니고, 울기만 해서는 와카가 생기지 않습니다. 슬픈 노래를 짓는 시인은 자신의 슬픔을 자세히 살피는 사람입니다. 슬프다고 그냥 울지만 않습니다. 자신의 슬픔에 빠지지 않고, 무너지지 않고, 이걸 똑똑히 느끼며 말의 모습으로 가다듬어 내보이는 사람입니다.

시인은 자신의 슬픔을 말로 과장해 보이지도 않고 번지르르하게 꾸며 보이지도 않습니다. 한 송이 꽃에도 아름다운 모습이 있듯이, 놔두면 사라져버리는, 별것 아닌 작은 자기 슬픔조차 허투루 다루지 않고 똑똑히 직시하면 아름다운 모습이 있음을 아는 사람입니다. 슬픈 노래는 시인이 마음의 눈으로 본 슬픔의 모습인 것입니다. 이걸 읽고 감동하는 사람은, 마치 자신의 슬픔을 노래해준 것 같은 기분을 느낄 것입니다. 슬픈 기분으로 이끌리겠지만, 그 슬픔은 평소 생활 속에서 슬퍼서 심란해하고 눈물을 흘리며 괴로워하던 슬픔과는 다를 겁니다. 슬픔의 편안하고 고요한 모습을 느끼겠지요. 그리고 시인은 어떤 식으로 슬픔을 이겨내는지 이해하겠지요.

'미를 추구하는 마음'이란 큰 주제에 대해 작은 이야기만 늘어놓은 것 같은데, 나는 미의 문제는 '미란 무엇인가' 하는 번거로운 논쟁거리가 아니라, 우리 각자가 작은, 또렷한 아름다움을 경험하는 것이 근본이라고 생각하기 때문입니다. 아름답다고 느끼는 것은 뭔가의 아름다운 모습을 느낀다는 말입니다. 미를 추구하는 마음이란 뭔가의 아름다운 모습을 추구하는 마음입니다. 그림만이 모습을 보이는 게 아닙니다. 음악은 음악의 모습을 귀로 전합니다. 문학의 모습은 마음이 느낍니다. 그러므로 여기서의 모습이란 그런 의미들을 함축하는 말로, 보통 말하는 물건의 형태라든가 겉모양이 아닙니다. 저 사람은, 모습이 보기 좋다느니, 자태가 곱다느니 말하는데, 그건 오직 그 사람의 자세가 바르다든가, 겉모습이 좋다든가 하는 의미는 아닐 겁니다. 그 사람의 친절한 마음씨나 인품까지 포함하여 모습이 보기 좋다고 말하는 거겠지요. 그림이나 음악, 시의 모습이란 그런 의미의 모습입니다. 그 모습이 이걸 만들어 낸 사람의 마음을 그대로 읊고 있는 것입니다. 그런 모습을 느낄 수 있는 능력은 누구에게나 갖춰져 있고, 그런 모습을 추구하는 마음 또한 누구에게나 있습니다. 다만 이런 능력이 우리에게 얼마나 귀중한 능력인지, 그리고 이 능력은 가꾸지 않으면 쇠퇴해버린다는 사실을 아는 사람은 그리 많지 않습니다. 오늘날처럼 지식이나 학문이 보급되고 존중받게 되면, 사람들은 뭔가를 느끼는 능력을 저도 모르는 사이에 등

한시하게 됩니다. 뭔가의 성질을 알려고만 들게 됩니다. 뭔가의 성질을 알려는 지식이나 학문의 길은 뭔가의 모습을 파괴하는 방식을 취하기 때문에 하는 말입니다. 예를 들어 어떤 꽃의 성질을 안다는 것은, 어떻게 생긴 꽃잎이 몇 장 있나, 암술과 수술의 구조는 어떤가, 색소는 무엇과 무엇인가 이런 식으로 구성요소를 나누며 구분해 가는 방식을 취하기 마련인데, 꽃의 아름다움을 느낄 때, 우리는 늘 꽃 전체의 모습을 한눈에 보며 느낍니다. 그러니 느끼는 일을 쉽다고 여기게 되는 것입니다.

한 송이 꽃의 아름다움을 제대로 느낀다는 것은 어려운 일입니다. 설령 그건 쉬운 일이라고 치더라도, 인간의 아름다움, 훌륭함을 느낀다는 건 쉬운 일이 아닐 것입니다. 또 지식이 아무리 풍부해도, 다정다감한 감정을 지니지 않는 사람은 훌륭한 인간이라고는 말하지 않겠지요. 그리고 다정다감한 감정을 지닌 사람이란, 뭔가를 잘 느끼는 마음을 가진 사람이 아니겠습니까? 뭔가를 금방 느껴도 신경질적이어서 안절부절못하는 사람이 있습니다. 그런 사람은 다정다감한 감정을 지니지 못한 경우가 다반사입니다. 그런 사람은 아름다움을 올바르게 느끼는 마음을 가진 사람이 아닙니다. 그냥 감정이 움찔거리기만 하는 것입니다. 그러므로 느끼는 법도 배워야 한다는 말입니다. 그리고 탁월한 예술이란 언제나 사람들에게 올바르게, 풍부하게 느끼는 법을 가르쳐줍니다.

2

말하기와 글쓰기

　　　　　　　과거에는 문어체와 구어체가 명확히 나뉘어 있었지만, 오늘날의 문학자들은 모두 구어체를 쓰고 있기 때문에 일반적으로 말하기와 글쓰기의 구별이 매우 애매해졌습니다. 내가 한 강연들은 상당수가 활자화되어 있는데, 책으로 나의 강연을 읽은 분들은 내가 아주 강연을 잘한다고 느끼셨을지도 모르겠습니다. 하지만 사실은 나중에 싹 다 고친 글들입니다. 다시 말해서 자못 내 강연 솜씨가 뛰어난 양 독자들이 느끼게끔 여러모로 궁리하며 고치는 건데, 머리를 짜내다 보면 군데군데 괄호를 치고 웃음소리나 박수마저 넣고 싶어질 지경이 됩니다. 하지만 실천하지는 않습니다. 그리하면 문장이 되지 않으니까요. 괄호 속에 웃음소리나 박수가 삽입된 강연 속기록을 읽는 것만큼 따분한 일도 없겠지요. 사람의 목소리를 귀로 듣는 것과 문자를 눈으로 좇는 것 사이에는 매우 큰 차이가 있습니다.

나는 문사^{文士}의 강연을 꽤 들어봤는데, 내가 들은 강연 중에서는 기쿠치 간이 제일 강연을 잘했습니다. 그는 결코 소위 말하는 웅변가가 아닙니다. 일단 리얼리스트에게 웅변가는 불가능합니다. 또한 기쿠치는 소위 말하는 달변가도 아닙니다. 그의 강연이 언제나 성공적이었던 것은 이야기의 내용에 알맹이가 빠지는 일이 없기 때문이기도 하지만, 가장 큰 요인은 언제나 눈앞에 있는 청중의 심리를 잘 파악했다가 이야기를 진행하면서 청중이 보이는 다양한 반응을 놓치지 않았다는 점입니다. 기쿠치는 내게 "나는 연단에 있는 강연대까지 걸어가는 동안 오늘의 강연이 잘 될지 안 될지를 간파한다"고 말한 적이 있습니다. 청중은 그가 연단 쪽으로 걸어가는 모습을 보면서 웃습니다. 물론 우스꽝스러워서 웃는 게 아닙니다. 어딘지 모르게 그 모습이 유머러스하기 때문에 웃는 것입니다. 그런데 기쿠치의 모습이 유머러스하다고 느끼기 위해서는 이미 기쿠치의 작품을 읽고 이 작가에게 친근감을 갖고 있어야만 합니다. 말하자면 이런 경우, 청중은 자기도 모르게 자신들의 교양 수준을 웃음소리로 표현합니다. 따라서 강연자는 강연의 성공 여부의 바로미터를 강연대까지 걸어가는 동안 부여받는 것입니다. '청중이 아무런 반응을 보이지 않는다면, 강연대에 이르는 사이에 주제를 바꿔버리기도 한다'고 말한 적도 있습니다. 나의 강연은 영 반응이 신통치 않더라고 실망한 빛을 보이자, 기쿠치는 웃으면서 이런 말을 했습니다. "자네처럼 강연의 맥락을 유지하려고 무리하면 안 돼." 듣고 보니 과연 그의 강연은 화제를 자유자재로 바꿨는데, 예를 들면 말을 끊고 잠시 있다가, 돌연 "음, 미나모토노 요시쓰네*라는 장수는 꽤 흥미로운 인물인데…"와 같은 식으로 앞의 이야기와 전혀 상관없는 이야기를 꺼냅니다. 청중들은 요시쓰네 이야기에 정신이 팔려서 이전 이야기는 다 잊고 듣기 때문에 별 지장이 없습니다. 또다시 이야기가 막히면 "다테 마사무네라는 장군은…" 하고 시작하면 됩니다. 강연자가 계속 이야기를 진전시키는데 듣다 말고 다른 생각에 빠져 있을 수는 없습니다. 청중은 자기 시간을 가질 수가 없습니다. 드물게 자기 시간을 갖는 사람도 있습니다. 그는 주변을 둘러보며 하품을 하고 있지요. 사실 정신을 차렸을 때 하품이 나오지 않는 강연은 일단 없다고 봐야겠죠. 사람들이 공통의 목적을 가지고 한자리에 모이면 반드시 그때의 분위기에 지배당하게 됩니다. '강연을 즐기자, 어렵사리 찾아왔는데 재미있게 듣지 않으면 손해다'라는 집단심리의 협조가 없다면, 강연자는 뭐 하나 할 수 있는 게 없

---

*   源義経(1159-1189). 가마쿠라 막부 초대 쇼군인 미나모토노 요리토모(源頼朝)의 동생으로 기구한 운명의 비극적 종말로 많은 영웅전설을 낳았다.

을 겁니다. 강연에도 이런저런 종류가 있지만, 내 경험상 문예 강연회는 모두 그런 식입니다. 그런데도 강연의 반응이 신통치 않았다면, 이야기가 노련하지 못한 탓이겠지요. 그러나 아무리 노련하더라도 문사의 강연이라는 것은 어느 정도 뻔합니다. 다쓰노 유타카* 박사는 꽤 강연이 노련한 편인데, 여기저기서 강연 의뢰를 너무 많이 받다 보니 소재가 다 떨어져서 하는 수 없이 어딘가에서 예전에 했던 강연을 주제만 살짝 바꾼 채 되풀이했다고 합니다. 그랬더니 당신은 사기꾼이라는 엽서가 왔다는 겁니다. 청중은 똑같은 이야기를 두 번씩이나 들어줄 아량을 갖고 있지 않습니다. 다쓰노 박사처럼 교묘하게 하더라도 똑같은 내용을 반복하면 사기가 되어버리는 것입니다. 고전만담가처럼은 되지 않는 법입니다.

책을 읽는 사람은 자신만의 자유로운 독서 시간을 가집니다. 시시한 부분은 건너뛰며 읽든, 흥미로운 부분에서 멈춰 반복해 읽으면서 사색에 빠지든 그 사람의 자유입니다. 각자가 저마다의 독서에 관해서 자유를 가지기 때문에, 독자는 청중과 같은 집단 심리를 경험하는 일이 없습니다. 이러한 것이 성숙한 독서인의 즐거움입니다. 작가는 스스로

---

*　辰野隆(1888-1964). 프랑스 문학가, 수필가. 도쿄제국대학에서 일본인 최초로 불문학 강좌를 담당하며 문하에 걸출한 제자를 다수 배출했다. 고바야시 히데오 역시 그의 제자였다.

를 위해서 글을 쓰지 않습니다. 작품은 혼잣말이 아닙니다. 반드시 독자를 의식해서 글을 씁니다. 그러나 예를 들어 현실의 어떤 독자층을 고려하여 대체적으로 그들의 공통된 심리나 사상 같은 것을 예상하고 소설가가 소설을 쓰는 경우에는 아무래도 문학의 문제로서는 다루기 어렵겠지요. 즉 이런 경우의 독자층은 작가의 뜻대로 움직이는 수동적이고 미성숙한 독서인들일 테고, 이들을 대상으로 글을 쓰는 작가 측에서 봐도 글쓰기를 장사의 흥행 여부로 연결 지을 것입니다. 작가는 어떻게 해서든 작품을 앞에 두고 자유로이 느끼고 자유로이 생각하는 성숙한 독서인을 의식하지 않을 수 없겠지요. 그런 독자를 작가는 어떻게 파악할 수 있을까요? 그런 독자의 심리를 예견한다는 것은 무의미할 뿐만 아니라 독자들 또한 글쓴이의 교묘한 표현에 말려들어 꿈이나 꾸는 수동적인 사람도 아닐 것입니다.

글을 쓰는 사람은 이런 독자를 오직 존중하고 신뢰하는 수밖에 방법이 없겠지요. 그런 의미에서 작가는 자기 안에 이상적인 독자를 가지기 마련입니다. 쓴다는 것은, 스스로 자유로이 느끼고 생각한다는 극히 어려운 노력이 이상적인 독자의 내부에서 완결된다고 믿는 일입니다. 철저하게 생각해보면, 현대에서는 쓴다는 일이 이렇게 고독하고 괴로운 일이 되어 있는 듯합니다.

여기서 잠시 화제를 바꿔보겠습니다. 문자가 없던 시대

에는 물론 인간은 모두 말로만 소통했습니다. 당연한 말이지만 문자가 생긴 후에 책이 생겨났는데, 그 시대의 사람들은 책이라는 것을 어떻게 생각했는지 우리로서는 좀처럼 알 길이 없습니다. 왜냐하면 오늘날 우리가 말하는 책이란 종이와 활자와 인쇄 기계의 산물로서, 문자의 발명에 뒤지지 않는 대단한 발명이었고, 책은 이러한 기술상의 발명에 의해 그 의미를 크게 바꿔 왔기 때문입니다. 우리에게 책을 읽는다는 것은 혼자서 말없이 눈으로 활자를 좇는 일입니다. 누구나 다 아는 이러한 사실도, 몇 개 안 되는 사본을 소중히 여겼던 옛사람들에게는 상상할 수 없는 습관일 것입니다. 어린아이나 독서에 익숙하지 않은 사람은 소리 내어 책을 읽습니다. 말없이 활자를 눈으로 좇는 일은 수련을 거듭하지 않으면 할 수 없습니다. 그렇게 되기 위해서는 책이 대량으로 있고, 쉽게 손에 넣을 수 있다는 조건이 필요하겠지요. 책이 적었던 시대에는 몇몇 사람만 독서를 했을 거라고 여기는 건 큰 착각입니다. 오늘날 사람들이 말하는 독서는 아무도 하지 않았습니다. 문자가 없던 시대의 교양인이란 당연히 무엇이든 머리로 외우는 사람이었고, 이를 이야기로 잘 풀어놓는 사람이었습니다. 이러한 교양인의 태도가 문자가 생기고 책이 쓰였다고 갑자기 바뀌었으리라고는 생각할 수 없습니다. 학자란 꽤 오랜 기간 동안 책에 쓰인 지식 정도는 모두 암기하던 사람이었을 것입니다. 책은 기억의 부정확한 부분을 확인하는 용도로 사용하는 데 지나지 않았겠지요. 또한 이 지식을 다른 사람에게 전달하고자 저서를 출판하는 일도 불가능했으므로, 사람들을 모아놓고 말하는 방법밖에 없었을 것입니다. 시는 말할 것도 없고, 산문이라고 해도 이야기로 풀어나갔습니다. 읽혔던 게 아니라 이야기되었던 것입니다. 책은 읊거나 이야기로 하지 않으면 그 진가를 나타낼 길이 없었던 것입니다.

다나카 미치타로*가 플라톤에 대해 쓴 글을 언젠가 읽고 매우 흥미롭게 느낀 적이 있는데, 플라톤은 책이라는 것을 대놓고 경멸했다고 합니다. 그의 생각을 따르자면 이렇습니다. 책을 몇 번 펼쳐본들 같은 말이 쓰여 있으니 전혀 재미없지 않은가. 사람에게 질문을 하면 대답이 돌아오는데, 책은 그림으로 그린 말처럼 언제나 똑같은 얼굴로 입을 다물고 있다. '상대를 보고 설법을 하라'는 말이 있지만, 책은 상대를 볼 수 없다. 그러니 잘됐다 싶어 어리석은 자들은 어설픈 지식을 내세우며 득의양양하게 굴게 된다. 플라톤은 이런 생각을 가지고 있었기 때문에 글을 쓴다는 것을 중시하지 않았습니다. 글쓰기는 문사들에게 맡겨 두면 된다, 철학자에게는 훨씬 더 중요한 일이 있다. 인생에서 중요한 일이란, 만사를 강한 인내심으로 음미하던 사람이 생활 속

---

*　田中美知太郎(1902-1985). 철학자, 평론가. 고대 그리스 철학 연구와 더불어 정치평론도 다수 발표했다. 이 책 끝의 대담 참조.

에서 홀연히 깨닫는 무엇이므로 쉽게 말로는 표현할 수 없다. 하물며 이 무엇을 글로 옮겨 쓴 책이라는, 사람들에게 오해를 살 만한 것으로 만드는 짓은 일절 사절한다. 이와 같은 의미의 말을 그는 신뢰할 만한 편지*에서 했다고 합니다. 그러므로 플라톤은 소크라테스가 그랬던 것처럼 살아 있는 사람들이 만나서 서로 전인격을 걸고 문답하는 것이야말로 참된 지혜를 얻는 길이었던 거죠. 그렇다고 한다면, 오늘날 남아 있는 그의 전집은 그의 여기餘技였다는 말이 됩니다. 그가 아카데미아**에서 했던 업적들은 전부 사라지게 됩니다. 그러므로 플라톤 연구자의 입장에서는 매우 난감한 일이라고 다나카는 말합니다. 플라톤은 책으로 본심을 밝히지 않았으므로, 그가 철학의 제일의第一義로 삼았던 것을, 그가 가치를 인정하지 않던 책으로 된 저작 속의 편언척자片言隻字***에서 스파이처럼 찾아내야 하는 사정이 있다는 말입니다. 오늘날의 철학자들은 철학의 제일의를 책을 통해 나타내고, 스파이가 오기를 기다립니다. 플라톤은 책이란 살아 있는 인간의 그림자에 지나지 않는다고 생각했으나, 오늘날의 저술가들은 그림자에 대한 궁리에 인생을 바치고 있습니다. 습관은 바뀌어 갑니다. 다만 인생의

---

*   7번째 편지. 플라톤에게는 진위 여부가 불분명한 편지 13통이 있는데, 7번째 편지는 그중에서도 특히 사실에 가까운 자료로 여겨진다.
**   플라톤이 기원전 387년경 아테네의 북서부 교외에 개설한 학원.
*** 짧은 말과 글.

중요한 일에는 끝까지 헤아릴 수 없는 것이 있다는 사실만큼은 변하지 않을지도 모르겠습니다.

문학자들이 모두 구어체로 글을 쓰게 되었으므로 글쓰기와 말하기의 구별이 애매해졌다고 앞에서 말했습니다. 애매해졌을 뿐입니다. 둘이 서로 근접한 듯이 보이는 것도 외견상에 지나지 않습니다. 이것이 문학이고 저것이 글이라면, 자기도 쓸 수 있겠다고 하는 사람들이 늘어났다, 문학을 지망하기가 쉬워졌다, 이렇게 되었을 뿐 별일도 아닙니다. 그보다도 잘 생각해보면, 실은 문학자에게 말하기와 글쓰기가 오늘날처럼 따로 놀게 돼버린 적도 없다는 사실에 주목해야 할 것입니다. 그 옛날 읊기 위한, 이야기로 풀어 나가기 위한 대본이었던 책은, 인쇄되어 정가가 매겨지고 일단 세간에 뿌려지면, 그 책을 쓴 사람은 더 이상 어찌할 도리가 없게 되었습니다. 오늘날과 같은 대대적인 산문시대는 인쇄술의 진보와 떼어놓고 생각할 수 없다는 말은 표면적인 현상을 가리키는 데 그치는 게 아니라, 쓰는 사람도 인쇄라는 언어 전달과 관계된 기술 변혁과 함께 보조를 맞춰 써야 한다는 의미이기도 합니다. 옛날에는 명문이라고 하면 낭랑하게 읊어야 하는 대상이었으나, 인쇄의 진보는 글로부터 리듬을 빼앗아 글은 침묵하게 되었다고 말할 수 있겠지요. 산문이 시로부터 벗어나자, 시는 또 산문에 가까워지게 되었습니다. 오늘날 전철에서 이와나미 문고판으로

『긴카이 와카집金槐和歌集』을 읽는 사람이 생각하면서 느끼는 시와 옛날 사람들이 연인의 목소리는 물론 필적까지 느끼면서 기뻐하거나 슬퍼했던 시와는 큰 차이가 날 것입니다. 산문은 사람의 감각에 직접 호소할 때 따르는 부자유를 버리고 표현상의 큰 자유를 얻었습니다. 이른바 육체를 방기한 정신의 자유가 심히 불안정한 것임은 어쩔 수 없는 일이겠지요. 좋은 산문은 결코 사람의 약점을 파고들지 않으며, 사람을 미혹시키지도 않습니다. 독자는 정신이 깨어 있으면 깨어 있을수록 좋다고 할 수 있겠지요. 잘 쓴 산문에 감동이 있다고 한다면, 그것은 인식이나 자각이 초래한 감동이라고 생각합니다.

산문 예술은 예술 중에서도 가장 추상적이고 지적입니다. 활자로부터 직접 감동에 이르는 통로는 아무것도 없습니다. 활자는 정신에, 지성에 호소합니다. 그리고 자칫 박학博學 안에서 잠들려고 하는 지성을 일깨우거나 혹은 기계적인 논증 안에서 경직되려는 정신에 활기를 불어넣어 주려고 합니다. 산문 예술이 가진 이와 같은 명확한 힘이 애매하게 보이는 이유도, 이러한 힘을 순수하게 행사하는 산문 작가가 드물다는 데서도 기인하나, 한편으로는 오늘날 융성의 극치를 이루는 소설이라는 산문 예술이 산문의 자유로운 표현력을 믿고 너무 무절제하게 쓰여 판을 치고 있기 때문이기도 할 것입니다. 원래 센세이셔널한 것과 직접적으로 무관한 산문은 센세이셔널한 것에 힘껏 저항해야 합니다. 그러나 센세이셔널한 글쓰기를 하면 허약한 두뇌를 가진 이들을 충분히 매료시킬 수 있다는 이점이 소설가에게는 큰 유혹이 됩니다. 머지않아 영화가 그런 허약한 산문 작가들을 집어삼키고 말 것입니다.

문장에
대하여

      문장에 대하여 글을 쓴다는 것은 생각해보니 나에게는 큰 부담입니다. 문장에 대해서 나는 어떤 확신도 갖고 있지 않습니다. 문장론^{文章論}이라는 것은 예로부터 명문장가라고 자처하는 사람들이 쓰지 않았나 생각됩니다. 나 같은 사람이 쓰면 터무니없는 내용이 될 것입니다.

  그래서 실은 내 자신이 얼마나 문장에 확신이 없는지에 대해 세 장 정도 써나가다가, 아무짝에도 못 쓸 원고를 더 쓸 필요가 있겠나 싶어지자 쓰기 싫어졌습니다. 양해를 구합니다. 이토록 싫은 일도 없을 겁니다.

  일전에 친구네 집에 갔더니 네 살짜리 아들이 엄마에게 도코노마^{床の間}에 걸린 사자탈 그림을 가리키며 "이건 뭐야, 뭐야" 하고 물었습니다. 엄마가 "가라시시"라고 가르쳐주자

아이는 "아아, 샌드위치 속에 넣는 거구나"라고 말했습니다.* 지어낸 이야기가 아닙니다. 실제로 있었던 이야기이니 황당할 뿐입니다. 지어낸 이야기라고 한들 웃음이 나겠습니까?

이런 이야기도 잘 생각해보면 언어상의 석연치 않은 문제가 드러나 있습니다. 한마디로 말하자면 다음과 같은 이야기가 될 것입니다. '뭔가를 인식한다는 것과 그 뭔가에 관한 기호를 만든다는 것은 동일한 사실인데, 그 뭔가가 애매한 경우에는 말할 것도 없지만, 명확한 경우에도 그 뭔가에 관한 기호는 그 실체와 반드시 일치하지 않는다. 일치하지 않아도 그 기호의 내용으로서 어떤 감동이 있다면, 기호는 그 뭔가에서 떨어져 나와 독립하여 자기를 주장한다.'

인간이 발명해내는 기호의 종류는 무한히 있겠지만, 문학의 경우에는 상술한 바와 같은 독립적인 기호가 기본이 됩니다.

여기에 골치 아픈 문제가 있습니다. 이 독립적인 기호가 특정한 시기, 특정한 경우, 특정한 조건에서 발음되는데, 그대로는 문학이 되지 않습니다. 문학이 되기 위해서는 활자화되어야 할 필요가 있습니다. 활자가 되고 나서야 사람들은 (작가도 당연히 포함됩니다) 이 활자로부터 거꾸로

---

*   사자탈의 일본어 '가라시시(唐獅子)'를 '가라시(겨자)'로 잘못 알아들었다.

활자가 발음된 특정한 시기, 특정한 장소, 특정한 조건 등을 찾아내려고 합니다. 이러한 행위가 문학입니다. 문학이라는 게 옳지 않다면 문장론이라고 합시다. 대체로 다루고 싶어 하지 않지요.

명문인지 악문인지는 사실 어느 정도까지 문학적 작법에 따라 정해집니다. 바꿔 말하면 문학적 작법을 습득함으로써 구별이 가능해집니다. 이 작법을 세간에서는 보통 수사학이라고 합니다. 그러나 작법이므로 아는 사람은 모르는 사람보다 고상한 척할 수 있다는 이점이 있을 뿐, 세상에는 작법을 묵살하는 감동도 얼마든지 있습니다.

사쿠마* 함장의 유서가 명문이냐 악문이냐 하는 문제는 그리 간단하지 않습니다. 사쿠마 함장뿐만 아니라, 최근에 『마이니치신문』에 실린 한 군인의 이해하기 어려운 수기도 마찬가지입니다. 발자크나 도스토옙스키 같은 문사답지 않은 문사의 문장에는 그러한 사례가 허다합니다.

여러분도 글솜씨가 좋아지기 위해 노력하고 있겠지만, 나 또한 매우 노력하고 있습니다. 그렇지만 노력한다고 해도 탁월해진다는 보장이 없다는 사실만큼은 부정할 수 없을 것입니다.

---

* 메이지 시대의 해군 군인. 야마구치현 신코 앞바다에서 잠항 훈련 중에 수몰 사고로 순직했다. 이때 침몰의 원인 등을 사망하기 전까지 유서에 써두었다.

나의
문장 쓰기

       문장의 문제는 매우 어렵고 복잡해서 일반적으로 '문장이란' 하고 시작하면 어떻게 써나가야 할지 갈피를 잡기 어려우므로 부족한 경험이나마 나의 경험에서 떠오르는 대로 써보도록 하겠다.

  평론가라는 자들은 소설가만큼 문장이란 것을 중시하지 않는다. 세간 또한 평론가를 그렇게 보기 십상이다. 그러나 나는 처음부터 그런 생각은 갖고 있지 않았다. 내가 젊었을 때 쓴 글들을 지금 읽어보면 꽤 서투르고 읽어나가기 힘든 글이 많지만, 그럼에도 그 글들을 쓸 당시에는 주제마다 문장의 격조나 표현 방식에 대해 여러모로 궁리를 했다. 아니, 그러한 문장상의 궁리는 지금 이상으로 고심참담했다. 문장의 격조 같은 것을 개의치 않고 생각하는 바를 그대로 써나가게 된 것은 아주 최근이다.

돌이켜보면 나의 문체도 꽤 바뀌었다. 물론 바꾸려고 애쓰기도 했지만, 문체라는 것은 자기가 쓴 글이라고 해도 좀처럼 생각대로 바뀌지 않는지라, 다른 각종 기술과 마찬가지로 머리로는 안다고 해도 손이 말을 듣지 않는 성질이 다분하니, 바뀌어온 과정을 하나하나 의식할 수 있었던 것은 아니다. 요즘 종종 문체가 달라졌다는 말들을 듣고서야, '그렇구나' 하고 수긍하기도 한다.

어떤 평론의 논리가 정연하다든가, 논증이 정치(精緻)하다든가 하는 것은 주의력의 문제이므로 난제라고 할 것도 없다. 터놓고 말해서 머리만 좋으면 가능한 일인데, 문장의 좋고 나쁨의 문제는 머리의 좋고 나쁨만으로는 해결되지 않는다. 즉 좋은 문장을 쓰는 조건은 그리 간단한 게 아니다. 어떤 평론이, 논증이 치밀하다는 것은 다행스러운 일이나 치밀한 논증이 반드시 독자를 설득시킨다고 단정 지을 수는 없다. 두뇌는 명석하지만 감화력도 설득력도 찾아볼 수 없는 사람이 세간에는 존재하듯, 그런 사람을 그대로 연상시키는 평론도 있기 마련인데, 그러한 평론을 쓰고 만족하는 한, 문장에 관한 본질적 문제는 생기지 않을 것이다.

논증은 치밀하나 설득력이 떨어진다고 하는 평론의 질을 조금 더 따져보면, 그런 평론은 논리적인 요소는 충분히 갖추고 있으되 심리적인 요소가 결여된 면이 있다는 말이 된다. 어떤 평론을 읽으면서 논리는 수긍이 가지만 어딘지 납득이 되지 않는 느낌을 받는 것은, 그 평론의 논리에 심리적인 뒷받침이 부족했음을 민감하게 포착했기 때문이다.

평론 쓰기에 익숙한 사람에게는 논리상의 세세한 분석 따위는, 그런 일에 익숙지 않은 독자가 생각하는 만큼 어렵지 않다. 평론가가 정말로 힘들게 여기는 부분은, 그저 논리의 엄정을 기하는 데서 한 발 나아가, 그 논리가 독자의 심리에 어떠한 효과를 부여할지 그 효과도 함께 고려해서, 평론이 조리 있는 글에 머무르지 않고 매력 있고 살아 있는 글이 되게 하는 데 있다. 너무 힘에 부쳐 거기까지 도달하기가 쉽지 않지만, 그런 각오로 평론을 쓰지 않으면 영원히 생동감 있는 글은 나오지 않을 것이다.

그러한 점에 평론의 본질적인 기교가 있는데, 그럼 그런 기교를 어떤 식으로 연마해야 하느냐는 소설가가 기교를 연마하는 방법과 마찬가지로 정해진 게 없다. 몇 번이고 실제로 문장을 만들면서 스스로 깨닫는 수밖에 없는 것이다.

내가 평론을 쓰기 시작하고 어느 정도 시간이 지났을 무렵, 자신이 쓴 문장이 무미건조하고 단조롭다는 점에 차츰 불만을 갖게 되었다. 이 문제를 해결하기 위해 다양한 측면과 각도에서 바라보며 풍부한 문체를 습득하고자 무척 애썼지만 어찌해야 할지 방향을 잡지 못했다. 마지막으로 생각한 방법이, 핸드 컷 유리구슬이라도 만드는 것처럼 어떤 문제의 일면에 대해 가능한 한 명확하게 아주 짧은 문단을 쓰고 나서, 문맥의 연결 같은 건 고려하지 않은 채 마치 반대쪽 면을 깎는 심정으로 반대의 측면에서 바라본 점을 또다시 가능한 한 명확한 문장으로 완성시켰다. 이렇게 짧은 문단을 몇 개나 만들어봤다. 그렇게 해보는 사이에 어느덧 이 짧은 문단들을 원고용지에 두 줄 간격으로 늘어놓기만 해도, 전체가 핸드 컷 유리구슬 정도의 문장이 되기는 했다. 이런 식의 작업을 한동안 하다 보니, 구슬을 만들기 위해 한쪽 면을 먼저 연마하고, 그다음에 반대쪽 면을 연마하는 방식을 취하지 않더라도 단숨에 여러 면의 문장을 쓰게 되었다.

또 이런 경험을 한 적도 있다. 르낭*이라는 사상가가 '처음부터 결론을 가지고 논문을 써나가지 마라'고 한 글을 읽고 크게 감동받았던 기억이 있다. 나는 그 무렵에 일단 명확한 결론, 아니 결론의 문구까지 머리에 떠오르지 않으면 펜을 잡지 못했다. 독자들은 내 글에 즉흥적인 부분이 많다고 여길지도 모르나, 정말로 즉흥적인 글쓰기를 터득한 것은 최근으로, 초기의 내 글들은 다 구석구석까지 미리 계산을 해서 써나갔다. 사소한 농담까지 초고를 쓰고 정서하곤 했다. 그런 습관을 갖고 글을 쓰던 시절이므로 르낭의 말은 매우 마음에 와닿았다. 어떻게 해서든 미리 내버린 결론 따

---

* J. E. Renan(1826-1892). 프랑스의 사상가, 종교사가, 문헌학자. 이폴리트 텐(Hippolyte Taine)과 함께 대표적인 실증주의 사상가이다.

위에 구속받지 않고 유유히 써나가고 싶었으나, 그러한 모험이 어떻게 해야 성공할지 전혀 감이 잡히지 않았다. 물론 확실한 방법이 있을 리 없었다. 하는 수 없이 초고 쓰기를 완전히 그만두기로 했다. 결말이 어떻게 될지 정하지 않은 채 쓰기 시작하는 모험은 엄두가 나지 않았지만 다짜고짜로 원고지에 쓰기 시작해보니, 어찌 됐건 첫머리와 마지막 결론 사이에 존재하는 여러 작은 결론을 무시하게 되니까 뜻하지 않게 갖가지 문장상의 급소를 알 수 있었다. 이러한 자유로운 글쓰기로 문장의 체재가 무너지지 않도록 하는 일은 꽤 힘겨웠지만, 오랜 기간의 훈련으로 그것도 어떻게든 가능하게 되었다. 지금은 일단 완성한 글은 다시 읽지도 않는다. 하기야 이런 방식이 앞으로 어떻게 바뀔지는 나도 잘 모른다. 다시 한번 말하지만, 글은 분명히 자기 것이면서도 자기 것이 아니다.

현대에는 미문美文*이라는 것이 유행하지 않는다. 그런 글은 유행하지 않는 편이 물론 좋지만, 미문의 멸시가 문장의 멸시로 나아가는 경향 또한 부정할 수 없다. 많은 문학자가 기교를 부려 쓰기보다는 정확하게 관찰하려고 한다. 그러한 경향은 겉만 번지르르한 미문에서 벗어난다는 점에서 다행이지만, 그런 길을 지나치게 추구하다 보면 글이라는

---

*   고전 형식을 본따서 아름다운 어구나 수사로 기교를 부린 문장. 메이지 중기의 문단에서 유행했다.

것이, 아니 말이라는 것이 관찰자와 관찰 대상 사이를 연결하는, 단순한 매개체처럼 되고 만다는 걸 깨닫지 못하는 지경에 이른다. 그런 과오를 많은 이들이 범한다.

마음에도 없는 글을 쓰지 않겠다는 각오는 좋으나, 마음으로 확실하게 생각한 것을 그대로 글로 옮긴다고 좋은 문장이 된다는 보장도 없다. 글이라는 것은 그리 간단하지가 않다. 생각한 것을, 본 것을 그대로 말로 옮길 수 있다는 사고방식 자체가 심히 경박하다. 그러한 사고방식으로 글을 쓰기 때문에, 저도 모르는 사이에 말은 생각을 재현하는 기호에 불과하다는 오류에 빠진다.

나도 평론을 쓰기 시작했을 무렵에는 일단 생각한 것을 밀고 나가자, 말이 될지 안 될지는 이차적인 문제라는 마음가짐으로 글을 썼다. 말은 생각에 예속되어 있다고 간주하고 생각나는 대로 말을 자유로이 사용하고자 했다. 그러므로 기존의 말을 무시하고 새로운 말이든 어법이든 내 마음대로 만들어 쓰는 일도 개의치 않았다.

그런데 한편으로 말이라는 것은 만인의 공공재라서 개인이 제멋대로 발명하는 게 용납되지 않다 보니, 상술한 바와 같이 오로지 정신이 향하는 대로 말을 자유로이 구사하고자 직진하는 방식을 취하면, 기존의 말은 끊임없이 새로운 생각을 표현하는 데 장애가 된다고 여기기 십상이다. 즉 정신은 말을 복종시키려다가 매번 말의 저항을 느끼지 않을 수 없는 판국이 된다. 이런 어려움에서 벗어나기가 나로서는 쉽지 않았다. 요컨대 생각하는 것과 이를 표현하는 것 사이에는 항상 과부족을 느끼게 돼, 그 고통에서 벗어나기가 힘들었다. 난해한 말을 쓰거나 비틀린 어법을 썼던 이유도 여기에 있다. 문학자가 생각한다는 건 곧 쓴다는 말이며, 능숙하게 생각한다는 건 능숙한 말로 생각한다는 말이다. 거기까지 이르지 못하면 문장은 생겨나지 않는다.

문학자는 우선 생각하고 그다음에 이 생각을 말로 표현한다는 안이한 사고방식에서부터 벗어나야 한다. 이러한 안이한 사고방식은, 화가의 경우로 예를 들면, 그림으로 표현하려는 사상이 먼저 화가의 정신 내부에 있고, 이를 색으로 번역한 것이 그림이라는 식으로 생각하게 만들지만, 실제로 화가는 결코 그런 식으로 그림을 그리지 않는다. 색을 칠해가는 사이에 자신의 생각이 점차 또렷한 형태를 갖게 되는 것이다. 바꿔 말하면 화가는 생각을 색으로 표현하는 게 아니라, 색깔에 따라 생각하는 것이다. 문학자에게 있어서의 말 역시 화가에게 있어서의 색깔과 같은 것이어야 한다. 문학자 중에서도 가장 순수한 시인의 시 쓰기를 생각하면 쉽게 알 수 있듯이, 시인의 정신이 말을 구사한다기보다는 오히려 말이라는 게 항상 시인의 정신을 이끈다.

오늘날에는 기존 문장상의 규범이 확고하지 않아 문학자들은 정신의 자유를 향유하는 듯 보이나, 실은 정말 아름답고 진실한 문장이 나타나기에는 매우 불리한 조건이 갖춰진 형국이라 문학자가 진정으로 자유를 향유하고 있는지 아니면 자유에 고통스러워하고 있는지는 매우 의심스럽다.

비평과 비평가

　　　　　　　　　내가 늘 생각하는 것 중 하나는, 과연 문예비평을 지망하는 사람이 있을까 하는 의문입니다. 작가를 지망하는 사람은 많습니다만, 문예비평을 직업으로 삼고자 결심하고 공부를 시작하는 사람이 과연 몇이나 있을까요? 만일 있다고 해도 그런 사람에게는 나 같은 사람의 충고가 아마 소용없을 겁니다. 작가 지망생이 득실거리는 가운데 그런 결심을 가진 사람이 나온다는 것 자체가 이미 대단한 각오와 자신감을 말해주기 때문입니다. 혹시 지금 그런 사람이 있다면, 나의 대수롭지 않은 경험이나마 참고가 되길 바라는 마음으로 말해보겠습니다. 소설을 쓰고 싶었지만 쓰지 못해서 문예비평 같은 것에 매달리면서, 문예비평이라는 건 본래 그런 것이라는 둥 떠벌리는 사람들에게는 그 어떤 말도 해주고 싶지 않습니다.

또 한 가지. 나더러 "당신은 왜 창작을 하지 않고 비평을 쓰게 됐느냐?"고 묻는 사람에게는 다음과 같이 말합니다. 내가 하고 싶은 말들이 자연스레 비평의 형식을 취한 것이라고. 비평과 창작 중 어느 쪽을 택할지 결정하기 위해서는 하고 싶은 말이 어떤 형식으로 흘러나오는지 하고 싶은 말들을 먼저 직접 말해보는 방법밖에는 없습니다. 비평문을 얼마나 잘 쓰는지는 추후의 문제이고, 어떤 비평을 쓰든지 간에 근본적으로는 비평을 쓰려고 하기보다 자신이 하고 싶은 말이 비평이 된다는 확신을 가져야 한다고 생각합니다. 이러한 확신을 가지고 문예비평을 지망하는 사람이 있다면 어려울 일은 아무것도 없겠지요. 토대가 되는 마음가짐이 흔들리기 때문에 비평이라는 일을 하면서 고통스러워지기도 하고 내용이 빈약해지기도 하는 것입니다.

비평에 대하여

　　　　　　　　내가 비평을 쓰기 시작했을 무렵에는 비평가로서 자리 잡은 이도 적었고, 문학을 지망하는 사람 중 장래에 비평가가 되려는 생각을 가진 이도 적었다. 최근에는 비평 활동이 성행하고 있어서 "비평 쓰는 일을 해보려고 하는데 어떤 공부를 하면 좋을까요?"라는 질문을 젊은이들로부터 종종 받게 되었다. 그러나 나 자신이 비평가가 되려고 체계적으로 공부한 적이 없기 때문에 그런 질문에는 매우 대답하기 곤란하다. 곤란해져서 "우선 남독濫讀을 해볼 필요가 있겠지요"라고 말해준다. 나도 문학 지망생이던 청년 시절, 소설 비슷한 것을 써보는 데서 시작했다. 그러던 중 남독을 하는 습관이 점차 심해지고 극단적으로 성향이 다른 여러 문학작품을 늘어놓고 읽다 보니 어떤 경향의 글쓰기가 문학으로서 옳은 길인지 점차 혼란스러워졌다. 무엇을 쓰면 좋을지 영 확신이 서지 않았다. 그러한 불안 속에서 나의 비평 정신이 육성되어 갔는지, 원고를 쓰게 되면 저절로 표현이 비평적인 형태를 취하게 됐을 뿐이다. 왕성한 호기심을 갖고 있는 한, 남독이라는 독서법은 해롭지 않다고 생각한다.

우리가 이해하고 있는 비평이라는 관념은 문학사적으로 말하자면 매우 새로운 사고이다. 아리스토텔레스가 살던 옛날부터 문학비평이라는 것은 이른바 수사학의 영역을 벗어나지 않았다. 연극과 시의 형식상의 법칙이나 교의^{敎義}를 논하는 것이 비평이라는 사고방식은 르네상스를 거쳐 근대까지 이어져 왔으나, 낭만주의 문학운동이 일어남에 따라 이러한 사고가 붕괴된 것이다. 한마디로 말하자면, 형식 중시의 시기를 거쳐 개성 중시의 시기가 도래함에 따라, 비평은 작품 배후에 있는 인간을 보게 되었다. 그전까지 일정한 형식 속에서 일정하여 보이지 않던 개성이 형식을 깨고 튀어나오는 점을 비평은 문제 삼지 않을 수 없게 되었다. 근대의 문학비평은 개인의 권리라든가 자유라든가 하는 사상에서 벗어나서는 생각할 수 없다. 근대문학비평의 창시자는 말할 것도 없이 생트 뵈브이다. 그의 방대한 비평집에는 "월요좌담$^{Causeries\ du\ Lundi}$"이라는 표제가 붙어 있다. 월요일마다 신문에 발표한 문예 시평을 집성한 것인데, 여기서 '코즈리^{Causeries}'라는 단어는 '좌담'이나 '잡담' 같은 의미로, 생트 뵈브는 비평 정신의 생명은 좌담이나 잡담 같은 데에 있다고 생각했다. 좌담은 혼자로는 불가능하다. 혼자 제 하고 싶은 말을 하는 건 독백이다. 좌담에는 상대가 필요하다. 더욱이 논쟁과는 다르므로 여차하면 상대방을 꺾어버리겠다는 자세로는 좌담이 성립되지 않는다. 활기가 도는 좌담이나 잡담이 진행되기 위해서는 반드시 자신도 자유로이 말하고 상대의 자유로운 의견도 존중하며 듣는 태도가 상호 간에 필요하다. 그러한 자유로운 의견 교환이나 비교로부터 나오는 생동적이고 적확한 판단에 비평의 생명이 깃들어 있다고 생각한 것이다. 한편 주의할 점은 우리가 활발하게 좌담하는 과정에서 나오는 비평이 자신에 관한 비평인지 타인에 관한 비평인지 분명하지 않다는 점이다. 우리는 상대방에 대해 말함으로써 자신을 말하고, 반성적 언설로 상대를 논하는 사람들이기 때문이다. 즉 비평 정신의 가장 근원적인 것 혹은 순수한 것을 더듬어 가다 보면, 자기비평 또는 자기 이해라는 것을 극점에 두고 있음을 알게 된다. 그런 것을 우리는 유쾌한 잡담 속에서 해 나가는 것이다. 해 나가기는 하지만 우리는 그런 줄 알아차리지 못하므로 잡담은 그 장소를 벗어나면 금방 잊어버리게 된다. 따라서 비평의 정수라는 것은, 발랄하기는 하나 지극히 포착하기 어려운 불안정한 것이다. 또한 이런 점도 있다. 잡담을 하다 타인의 험담이 나오는 경우, 사람들은 아주 신랄하고 적확한 말을 저도 모르게 내뱉게 된다. 당사자 앞에서는 도저히 꺼낼 수 없는 이야기들을 털어놓는 것이다. 생트 뵈브에게는 사후 발표된 수첩*이 있는데, 여기에 그 시대의 작품과 사상가에 대한 매우 신랄한 언설들이 적혀 있다. 너무나도 직접적이고 과격한 평을 숨김없이 토로한 이 언설들은 공표하기에는 적절치 못하다. 비유하자면 독약 상태에 있는 안료顏料와 같은 것이므로 사람들이 볼 그림이 되기 위해 독약은 희석되어야 한다. 요컨대 비평문으로서 공표될 경우 좌담이나 잡담을 하면서 행해진 비평은 수정되어야 한다. 사라지기 쉬우며 불안정한 것에는 적절한 형태를 부여하고, 뜨거운 것은 식히고, 독은 희석해야 하나, 그런 좌담이나 잡담에 존재하는 비평의 생명이라고도 할 만한 것은 다양한 형태로 비평문 속에 살아 숨 쉬어야 한다. 그런 것이 비평의 매력이자 설득력이고, 그런 점이 비평과 학문의 차이인 것이다.

생트 뵈브가 비평에서 실행한 또 한 가지 중요한 사항은 그의 다음과 같은 말을 통해 알 수 있다. "분석하고 채집하는 일. 나는 자연과학자이다. 내가 엮고 싶은 것은 문학의 박물사이다." 이 말에 분명히 나타나 있듯이, 그가 내세우는 비평 방법은 객관주의다. 다만 비평이 자연과학과 다

---

* 『나의 독(Mes Poisons)』(1926). 1939년에 고바야시 히데오의 번역으로 출간되었다.

른 점은 앞서 말했듯이, 그 생명이 생활 속의 살아 있는 지혜나 감수성에 있다는 말인데, 이 생명을 죽이지 않고 과학적 방법을 이용하기 위해서는 어떻게 하면 좋을까 하는 문제가 남는다. 그러나 그 두 가지를 잘 타협시킬 방법이 없었으므로, 생트 뵈브는 두 가지 모순을 그대로 수용하여 두 가지의 충돌을 있는 그대로 살리는 방식을 택했다. 다음과 같은 말도 그러한 각오에서 나온 것으로 봐도 무방하리라.

"비평적 천재의 공통된 가장 두드러진 성향이란, 뭔가에 광신적이 된다거나 완전히 사로잡혀 있다거나 다른 것은 아무래도 좋다는 식으로 어떤 열정에 푹 빠지는 걸 조금도 힘들어하지 않는 점이다."

비평의 주관적인 면과 객관적인 면을 분리하기는 쉬우나, 그 두 측면의 상극 안으로 전진하기는 쉽지 않다. 그러나 전진해보지 않으면 비평과 창조가 부즉불리不卽不離의 관계인 연유를 알 수 없다.

비평

나는 오랜 기간 비평문을 써왔으나, '비평이란 무엇인가'라는 문제에 대해 골똘히 생각해본 적이 별로 없는 듯하다. 이는 소설가가 소설을, 시인이 시를 정의할 필요를 별반 느끼지 못하는 것과 마찬가지리라.

문학자라고 하는 이들은 모두 하고 싶은 일을 일단 실제로 해본다. 나도 비평이라는 것을 쓰고 싶어서 쓰기 시작한 게 아니다. 쓰고 싶은 것을 쓰고 싶은 대로 쓰다 보니 그 글이 세간에서 보통 비평이라고 불리는 것이 되었다. 그런 일을 질리지도 않고 반복해왔다. 비평을 쓴다는 것이 나에게는 항상 현실적인 문제였으므로, 나로서는 그것으로 충분하다고 여길 따름이었다. 쓰고 싶은 대로 쓰면 비평문이 되어버려서 시나 소설 같은 형태가 갖춰지지 않는다고 한다면 내게 비평가 기질이라고 부를 만한 것이 있다는 말인데,

나의 이 기본적인 심적 태도가 어떠한 성질의 것이냐 하는 문제는 사라지지 않을 것이다.

'회고하자면…'이라고 해도 이 회고한다는 일종의 기술은 나에게는 실로 어렵기 짝이 없는데, 사실 아주 최근에 어떤 이가 찾아와 비평가가 되고 싶다며 구체적인 충고를 간곡하게 부탁하기에 나 자신이 해온 일을 회고하다 그만 당혹스러워지고 말았다. 비평가가 되기 위한 조건 같은 것은 손에 꼽아 봤자 무의미하다. 빈말을 하지 않으려고, 과거 나의 글쓰기를 지탱해준 구체적이고 확실한 조건을 더듬어 보니 자신의 비평가적 기질과 생활경험밖에 짚이는 것이 없었다. 심지어 그 두 가지는 명확하게 말해주기 어려운 조건이다.

나는 자신의 비평적 기질이든, 또한 거기서 지극히 자연스레 생겨난 비평적 방법이든 명확히 말해줄 재주는 없는데, 실제로 글을 쓸 때 잘 쓰려고 줄곧 노력해왔고, 노력을 거듭함에 따라 자신의 비평 정신이든 비평 방법이든 의식적으로나 무의식적으로나 갈고닦으며 명료화시켜 왔을 것이다. 그래서 내가 해온 일의 구체적인 사례들을 돌이켜 보니, 비평문으로서 잘 쓴 글은 모두 타인에 대한 찬사뿐이었고, 타인에 대한 험담으로 된 글이 없음을 확인하게 되었다. 그런고로 솔직히 말하자면, 비평이란 사람을 칭찬하는 특수한 기술이라고 할 수 있을 것 같다. 바꿔 말하면 타인을 헐뜯는 짓은 비평가가 지닌 기술도 무엇도 아닌, 비평 정신에 전적으로 반하는 정신적 태도라고 할 수 있을 것 같다.

이렇게 말하면 어쩌면 역설적인 언사로 받아들여질지도 모르겠다. 비평가라고 하면, 일반적으로 험담을 잘하는 사람이라고 여겨지기 때문이다. 또한 그렇게 여기는 것을 전적으로 틀렸다고도 할 수 없다. 시험 삼아 『대언해^{大言海}』 사전에서 '비평'이라는 말을 찾아보니, "잘못됨을 포착하여 평하는 일"이라고 되어 있다. 비평, 비판의 '비^{批}'자의 본래 뜻은 '손을 젖혀 때리다'라는 의미라고 한다. 그렇다면 크리틱^{critic}이라는 외래어를 비평 또는 비판이라는 단어로 번역하는 건 조금 잘못되었다고도 할 수 있겠다. 크리틱이라는 말에는 '잘못을 힐난하다'라는 의미는 없을 것이다. 칸트와 같은 엄격한 사상가는 크리틱이라는 말을 엄격하게 사용했다고 봐도 될 텐데 보통 "비판 철학"이라고 일컬어지는 그의 업적은, 인간 이성의 본모습을 포착하기 위해서는 독단적 태도는 물론 회의적 태도까지 버려야 한다, 버리고 나면 저절로 비판적 태도라고 부를 만한 것이 나타난다는 내용으로 귀결된다고 봐도 좋을 것이다.

어떤 대상을 비판한다는 것은 그 대상을 올바르게 평가하는 일이고, 올바르게 평가한다는 것은 그 대상의 있는 그대로의 성질을 적극적으로 긍정하는 일이고, 그러기 위해서는 다른 대상과 다른 특징을 명료하게 드러내야 하며, 또 그러기 위해서는 분석 혹은 한정이라는 수단이 불가피하다. 칸트의 비판은 그런 식으로 작동한다. 그가 개척한 것은 근대적 크리틱의 대도大道이며, 이를 되돌릴 이유는 어디에도 없다. 비평, 비판이 크리틱의 오역이든 아니든 말이다.

비평문을 쓴 경험이 있는 사람이라면 누구나가 험담하는 무료함을, 그리고 비난과 부정의 비생산성을 잘 알고 있을 것이다. 알고 있으면서도 그만둘 생각이 없는 것은 자기주장이라는 게 있기 때문일 것이다. 주장하기 위해서는 비난도 불가피하다는 생각이리라. 문학계에서도 논쟁은 여전히 활발하나, 대체로 비난적 주장 혹은 주장적 비난의 형태를 취하는 게 보통이다. 그런 것이 다 무의미하다고 말하는 바는 아니나, 논쟁의 성행이 반드시 비평 정신의 왕성함을 입증해주지는 않는다. 오히려 혼란의 증거가 된다는 점에 주의를 주고자 할 따름이다.

논쟁에 끌려가는 비평가는, 비난은 비생산적인 활동일지라도 주장하는 바는 생산적인 활동이라는 독단에 저도 모르게 빠져들기 마련이다. 그러나 만일 비평 정신을 순수한 형태로 생각해본다면, 자기주장은커녕 어떤 주장도 극도로 억제하는 정신이어야 할 것이다. 거기에 비평적 작품이 나타나 비평적 생산이 이루어지는 것은, 주장의 단념이라는 과감한 정신 활동 덕분이다. 이는 머리로만 생각하지 않고 실행해보면 누구나 수긍이 가는 지극히 자연스러운 비평의 길이다. 논쟁은 비평적 표현의 한 형식에 지나지 않는데, 그것도 비평적 생산 측면에서 보면 우연에나 의지할 수밖에 없을 정도로 어려운 형식이다.

비평적 표현은 점점 다양해져 간다. 문예비평가가 미적인 인상비평*을 하던 시기는 이미 지나갔다. 나날이 발달하는 자연과학이나 인문과학이 공급하는 학문적 지식에 무관심한 채 비평 활동을 하기는 불가능해졌다. 다방면에 걸친 지식은 당연히 어설픈 지식일 텐데 이에 불만을 토로하는 이도 없을 것이다. 하지만 학문적 지식의 원용에 의해 오늘날의 비평적 표현이 복잡하고 다양해졌다면, 이는 비평 정신의 건강함이나 풍부함과는 직결되지 않을 것이다.

비평은 비난도 주장도 아니지만, 그렇다고 결코 학문도 연구도 아닐 것이다. 오히려 비평은 생활적 교양에 속한다. 학문의 원용을 필요로는 하지만, 잘못 원용하면 즉각 죽어버리는, 그런 살아 있는 교양에 속하는 것이다. 따라서 비평은 항상 인간의 현재 살아 있는 개성적인 표지를 포착하여, 이것과의 직접적인 거래에 관한 발언을 기반으로 삼는다. 그런 식으로 비평 그 자체로 불러도 좋을, 비평의 순수

---

* 객관적인 비평과 달리 개인적인 직감이나 인상에 충실하려는 비평.

한 형식이라는 것을 마음에 그려보는 일은 중요하다. 이것은 관념론이 아니다. 비평가 각자가 자신의 내부에서 비평의 구체적인 동기를 모색하고 이것을 명료화하려고 노력하는 일인 것이다. 오늘날의 비평적 표현이, 그 다양하고 풍부한 외관 아래에 감추고 있는 불모성을 알려주는 것도 그런 반성뿐일 것이다.

3

문화에
대하여

　　　　　　　　문화라는 것에 대하여 20분 정도 이야기해보고자 합니다.

　문화라는 말이 대단히 유행하고 있는데, 이 말의 의미를 정확히 알고 있는 사람은 매우 적은 듯해 안타까운 마음이 듭니다. 오늘날 사용되고 있는 문화라는 말은 물론 번역어인데, 이 문화라는 말은 예로부터 중국에서 무력 없이 백성을 교화한다는 정치적 의미로 사용되었습니다. 그러한 의미의 문화라는 말을 그대로 영어의 '컬처culture' 또는 독일어의 '쿨투어Kultur'라는 단어의 번역어로 써버린 것입니다. 어느 쪽이든 의미가 완전히 달라서, 누가 번역했는지는 모르나 이 번역으로 인해 '문화'라고 해도 우리는 무슨 말인지 모르게 되고 말았습니다. 말에 어감이 없다는 것은 무서운 일이지요. 그저 "문화, 문화" 하고 헛소리처럼 되뇌고 있는 것입니다.

그렇지만 '컬처'라는 말은 서양인에게는 모국어로서 명확한 어감을 갖고 있을 겁니다. 귀로 듣기만 해도 오해할 리가 없지요. '컬처'라는 단어는 '밭을 경작해서 농작물을 생산하는 재배'라는 의미입니다. 이 단어도 결코 단일한 의미만 갖고 있지는 않지만, 아무리 복잡한 의미로 사용되더라도 '컬처'라는 말을 들으면 서양인들은 '재배'라는 의미가 깔려 있다고 느낍니다. 이것이 어감입니다.

지멜*은 문화를 논하는 과정에서 그런 문제에 이르러 이런 의미의 말을 했습니다. 예를 들어 사과나무를 키워 먹음직스러운 사과 열매가 맺도록 만들고자 합니다. 비료 배합을 연구하는 등 여러 가지 궁리를 하여 야생의 사과로부터 딜리셔스나 인도와 같은 맛 좋은 품종을 만드는 데 성공했다면, 그 사과나무는 비유적인 의미이기는 해도 '컬처'를 가지는 것입니다. 그렇지만 사과나무를 베어서 그 나무를 자재로 삼아 집을 짓거나 나막신을 만들더라도 원시적인 사과나무가 문화적인 사과나무가 되었다고는 할 수 없습니다. 말하자면 재배라는 과정을 거치지 않았기 때문입니다.

그렇다고 한다면, 이렇게도 말할 수 있겠지요. 사과나무 자체에 본래부터 맛있는 열매가 맺힐 소질이 있었고, 사과

---

* Georg Simmel(1858-1918). 독일의 철학자, 사회학자.

에 있던 그 소질이라는 가능성을 인간의 지식과 노력으로 실현시켰다. 그렇게 되었을 때 사과나무를 재배했다고 말합니다. 그러나 사과나무 자체에 '나막신'이 될 소질이 있었던 것은 아닙니다. 인간이 마음대로 나막신으로 만들어 버린 것이지 사과나무 자신은 전혀 모르는 일입니다.

그러한 의미로 서양인들은 '컬처'라는 말을 사용하고 있습니다. '컬처'라는 말은 일본에서는 또 '교양'으로도 번역되지만, 예를 들어서 내가 아무리 많은 교양을 외부로부터 받아들이더라도 그것이 나의 소질을 길러내지 못한다면, 나를 교양인, 문화인이라고는 할 수 없다는 말이 됩니다. 즉 내 안에 나의 인격을 완성시킬 가능성이 있다는 가정에서 나라는 인간의 재배가 가능한 것입니다.

나는 나 자신을 길러야 합니다. 아무리 지식을 얻는다 한들 완전히 자신에게 배어들게 하지 않으면 문화인도 교양인도 될 수 없습니다. 그러므로 어떤 인간의 소질, 개성이라는 것을 향상시키겠다는 신념이 없는 한 아무리 문화 운운하더라도 무의미합니다. 이는 '문화국가'라고 할 때의 '문화'의 경우에도 마찬가지입니다. 그런데 '국제 문화'와 같은 말이 아무렇지도 않게 통용되고 있습니다. 이것 또한 이상한 현상으로, 한 나라의 문화라고 하는 이상 반드시 전통적인 개성을 가져야 한다면, '국제 문화'라는 말은 있을 수 없을 것입니다. 인터내셔널한 것은 '문화'라고 말하기보다 오히려 '기술'이라고 불러야 맞겠지요. 그런 데까지 함부로 사용하니까 새로운 기술이 나오면 바로 '문화'라고 부르고 싶어집니다. '문화 주택'이라는 말도 그런 부류입니다.

또 한 가지 '컬처, 재배'라는 말 자체가 의미하는 것 중에서 서양인들은 다 알고 있지만, '문화, 문화' 하고 헛소리를 되뇌듯 말하는 일본인은 깨닫지 못하는 게 있습니다. 그것은 바로 문화란 막연한 관념이 아니라, 오히려 구체적인 것, 인간 정신의 노력이 새겨진 '구체적인 것'이라는 말입니다. 문화 활동이란 보다 맛좋은 사과를 재배하는 일입니다. 인간 정신이 자연에 대해, 아니 자연이 아니라 역사라고 해도 좋습니다만, 하여튼 인간 정신이 어떤 현실의 명확한 대상과 대결할 때 정신이 그 대상을 재료로 삼아 무언가 가치 있는 새로운 형태를 만들어 내는 경우가 아니면, 문화라는 말은 의미를 갖지 못합니다. 문화란 정신에 의한 가치 있는 실물의 생산입니다. 그렇기 때문에 예를 들면 내가 이런 이야기를 하는 것 따위는 결코 문화 활동이라고 할 수 없습니다. 왜 그런가 하면 나는 이렇게 말만 할 뿐, 무엇 하나 현실적인 형태를 생산하고 있지 않기 때문입니다. 나는 문학자이므로 글로써 문화 생산을 한다고 여기고 있습니다. 그러려고 노력하고 있습니다. 문학자의 글이라는 것은 사과와 같습니다. 아니 좋은 글은 사과보다 훨씬 오래가는 현실의 형태입니다. 그러나 이야기한다는 것은 그렇지 못합니다. 나는 지금 자신의 정신을 소비하고 있을 뿐입니다. 나는 저널리즘에 굴복하고 만 것입니다.

저널리즘 활동을 하면서 정신적인 생산을 하기는 실로 어렵습니다. 아주 풍부한 정신이 필요하지요. 사상이나 아름다움의 현실적인 형태를 만들어 내는 데에는 시간과 인내와 숙려가 필요한데, 저널리즘은 그러한 것들을 용납하지 않습니다. 자연히 집필자는 마치 장물이라도 팔아넘기듯이 글을 써냅니다. 양산해대고 있으니 일치단결하여 정신을 소비하고 있는 것입니다. 독자도 이런 분위기에 익숙해져서 이와 같은 정신 낭비의 형식 속에서 문화가 꽃핀다고 믿게 되어버렸습니다.

또 한 가지, 현대에는 성가신 경향이 있습니다. 그것은 비평이라는 게 매우 성행하고 있음에도 불구하고 비평이라는 것에 대한 사고가 그야말로 철저하지 못하다는 사실입니다.

물론 비평이 없는 곳에 새로운 창조가 있을 리 없습니다. 비평은 창조의 수단이지, 비평을 위한 비평 따위는 있을 수 없습니다. 없어야 할 것이 너무 많이 있다는 게 문제입니다. 크리티컬 또는 크리틱이라는 단어는 비평으로 번역되고 있지만, 본래는 '위험'을 뜻합니다. 존망이 걸린 위기 상황을 크리티컬 모먼트라고 합니다. 또한 점점 나아가다가 더 이상 그 앞으로 나아갈 수 없는 한계점을 의미하기도 합니다. '크리틱^{Critique}'*이라는 단어는 서양인에게는 그러한 어감이 있습니다. 예를 들어 의사가 "당신은 여기가 문제다"라고 지적할 때 "여기가 크리틱하다"라고 말합니다.

있는 그대로를 기꺼이 받아들이는 정신을 정상적인 정신이라고 한다면, 그런 기쁨을 부정하고, 주어진 것을 향수하는 대신 분석하고 해체하며 다양하게 해석하지 않으면 직성이 풀리지 않는 정신은 위험하고 병적인 정신입니다. 그러니 그만두려 해도 그만둘 수 없습니다. 하지만 일단 그 길로 나아간 이상, 철저하게 위험성을 경험해보지 않으면 모를 것이라는 말입니다. 시간만 보낸다고 비평 정신의 비밀을 알 턱이 없지요.

비평 정신은 주어진 대상을 일단 파괴하는 것부터 시작합니다. 자, 대상이 사라졌습니다. 그렇긴 하나 자신은 어떤 입장에 서서 대상을 파괴한 데 불과한 건 아닐까, 그런 비평을 해보세요. 그다음에는 그 입장을 파괴하고 싶어질 것입니다. 입장 또한 사라집니다. 이렇게 하다 보면 비평 정신이 향하는 곳에는 사라지지 않는 게 없음을 깨닫게 될 것입니다. 끝내는 여러분이 기댈 최후의 보루인 여러분 자신마저, 여러분의 강한 비평 정신마저 사라지고 말겠지요.

---

*   프랑스어로 '비판' 또는 '비평'을 의미한다.

그와 같은 지점에 이르러서야 비평의 위험성을 경험하게 됩니다. 자신에게 위험하다고 깨닫는 것입니다. 그런 체험을 하는 과정에서 비평이라는 독이 창조의 원천으로 변할 기회를 얻는 것입니다. 그러나 대다수 사람은 어중간한 지점에서 안심하고 있는 듯이 보입니다. 비평은 타인에게는 위험할지 몰라도 자기 자신에게는 조금도 위험하지 않다, 그런 식의 비평을 마음 놓고 합니다. 그러므로 비평을 위한 비평밖에 못하는 것입니다. 그런 어중간한 비평 역시 비평임이 틀림없기에 대상을 파괴합니다. 대상이 사라졌습니다. 그러나 비평 의식이 어중간한 탓에 그런 줄도 모르고, 자신이 아무것도 없는 대상을 두고 뭔가 하고 있다는 사실조차 깨닫지 못합니다. 대상은 언제나 자기 눈앞에 있는 줄 압니다. 그러면서 비평에 비평을 거듭하고, 해석에 해석을 거듭합니다. 현실의 대상과 정신 사이에 비평이라는 막을 치고 있는 것입니다.

바쇼*는 허虛에 있으면서 실實을 행한다고 말했습니다. 왕성한 비평 정신이 마침내 일체의 대상을 의심하여 '허'를 포착하지 않으면, 정신이 대결해야 할 '실'이라는 대상은 나타나지 않는다고 나는 생각합니다.

이러하니 그러한 경향으로는 문화 생산이 꽤 어려울 거

---

*   松尾芭蕉(1644-1694). 하이쿠의 대가.

라 생각됩니다. 마지막으로 한마디 덧붙이자면, 그런 안일한 비평 경향은 끝난 지 얼마 안 된 전쟁*과는 아무런 관련도 없다는 사실입니다. 전쟁 전부터도 그러했고, 전쟁 후에도 그러했습니다.

---

*   제2차 세계대전.

대담
—교양이란

다나카 미치타로*

고바야시 히데오

문체와 생각하기

고바야시　요즘에는 예전처럼 여러 조건을 명확히 기억해서 하나의 문제를 깊이 고찰하는 일이 귀찮아졌어요. 생각한다는 건 문체(스타일)로 생각한다는 말이지만, 뭔가 그런 측면에서 좋은 방법이 없는지 생각 중이긴 한데….

다나카　문장의 문제로 말하자면, 플라톤의 경우에도 60세가

---

*　田中美知太郞(1902-1985). 철학자, 평론가. 고대 그리스 철학 연구와 더불어 정치평론도 다수 발표했다.

다 돼서야 문체가 확 바뀌지요.

고바야시 갑자기 바뀐 겁니까?

다나카 시칠리아섬으로 여행 갔다 오고부터이긴 한데, 어째서 바뀌게 됐는지, 결정적인 증거는 없습니다. 그러다가 70세쯤에 그 변화가 흐지부지되기 시작합니다. 그래서 저술 연대가 분명하지 않을 때에는 거꾸로 문체 연구가 실마리가 되지요.

고바야시 문학자의 경우에는 언제나 문체가 문제되기 때문에 그에 관한 연구도 많지만, 철학자의 문체가 변한다는 건 흥미롭네요. 근대에도 그런 사례가 있습니까?

다나카 있지요. 근대가 되면 연대를 알 수 있으니까 굳이 문체 연구를 하진 않지만, 하려고 들면 알아낼 수 있겠죠. 예를 들면, 괴테와 플라톤의 문체에 관한 연구가 있는데, 문체로 작품 연대를 추정해낼 수 있어요.

고바야시 아리스토텔레스는 어떻습니까?

다나카 아리스토텔레스는 문장다운 문장이 남아 있지 않습니다. 메모 같은 것을 후대에 편집한 글뿐이라 플라톤처럼 문체 연구를 할 수가 없지요.

고바야시 나는 베르그송*은 비교적 읽은 편인데, 문체가 현저하게 변했다고 할 만한 시기는 없는 것 같더군요.

---

* Henri Bergson(1859-1941). 프랑스의 철학자. 학문적, 대중적 호소력을 겸비한 문체의 대가.

다나카 연구하지 않아도 느낌으로 어느 정도는 알 수 있습니다. 하여튼 플라톤의 후기 문장은 읽기 어려우니까요.

고바야시 역시 복잡하게 되어 있나요?

다나카 다른 곳에서는 좀처럼 보기 드문 새로운 어휘를 많이 사용해요. 초기의 글은 통속적인 의미에서 문학적인 대화편이 많지만, 후기로 가면 딱히 문학적이라고 할 수 없습니다. 매우 추상적이 되지요.

고바야시 오히려 사상에 전환기가 찾아와서 그때부터 문체가 바뀌게 된 건 아닐까요?

다나카 그렇다고 볼 수도 있겠죠. 본인의 문체는 안 변했습니까?

고바야시 그야 변했지요. 스스로는 깨닫지 못하는데 딴 사람들이 "요즘 달라졌네"라는 말을 해줘서 알게 됩니다. 아무리 머리로 바꾸려고 노력해도 안 변해요. 하지만 그런 의식을 갖고 있다 보면 어느샌가 바뀌더라고요.

다나카 문장에 제약을 받으며 생각하기 때문이기도 하겠지요. 자신만의 문체가 있어서, 생각이 그 문장의 틀 안으로 들어가버리는 거죠. 사고방식을 바꾸려고 해도 자기에게 익숙해진 문장으로 생각하는 편이 편하니까요.

고바야시 그게 문체를 바꿀 수 없는 이유이긴 하지요. 우리가 추상적 사색이라는 말을 자주 쓰는데, 문학 세계에 있으면 아무래도 말로 생각하게 됩니다. 말이 나오지 않으면 아무것도 나오지 않으니까요. 그러니까 찾던 말을 발견하게 되면 그다음 글이 술술 나옵니다. 추상적 계산이라는 건 또 다른 문제지만.

다나카 추상적이라고 해도 역시 말이겠지요. 수학적으로 생각하는 경우에는 심벌symbol로 생각합니다. 그런데 수학자들은 의외로 생각을 안 하는 건 아닐까요?

고바야시 숫자에만 의존하면서 말이죠.

다나카 화이트헤드*가 이런 말을 한 적이 있습니다. 수학은 사고의 연습이 된다고 하지만 그건 다 거짓말이라고. 단지 심벌을 조작하고 있을 뿐 실제로는 생각하고 있지 않을 때가 많다고….

고바야시 그런 경우가 확실히 있지요. 다만 "수학자가 실은 생각하고 있지 않다"라는 말은 좀처럼 이해하기 어려울 걸요. 즉 합리적으로 생각하려는 것은 극단적으로 말하면 수식에 이끌린 상태가 되는 거니까, 진정한 생각이라는 건 합리적으로 될 수가 없지 않을까, 그런 생각을 저는 종종 합니다.

다나카 생각한다는 건 의외로 감각적인 것입니다. 이미지나 말에 사로잡히지 않은 순수한 사고라는 건 일종의 **동경** 같은 것이겠죠.

---

*   A. N. Whitehead(1861-1947). 영국의 철학자, 수학자. 기호논리학의 확립에 공헌했다.

고바야시 생각하다 보면 점점 더 알 수 없게 되는 경우가 있지 않습니까? 현대인들은 생각을 하면 반드시 알게 된다고 여기는 경향이 있어요. 다시 말해 생각과 계산이 똑같은 줄 아는 경향 말입니다. 계산이라는 건 반드시 답이 나온다, 그러니까 생각하면 답이 나올 것이다, 답이 안 나온다는 건 말이 안 된다 그런 식으로.

다나카 예를 들어, 일본국헌법*에 찬성한다고 말하기 위해서 글을 쓴다고 합시다. 이런 건 생각하는 게 아니라 선전하는 게 됩니다. 일본국헌법의 실체와 씨름하며 생각해보려 할 경우에는 결론이 찬성이 될지 반대가 될지 모르잖아요. 그런 게 생각하는 글이 되겠지요.

아는 것과 좋아하는 것

고바야시 글의 결론이 어떻게 날지 알게 되면 쓰는 사람도 재미가 없어집니다. 그래서 저는 알고 난 것에 대해서는 절대로 쓸 생각을 안 합니다. 앞으로 어떻게 될지 모르는 게 흥미진진하거든요. 그 대신 써나가는 내용과 생각하는 내용이 똑같습니다. 내 경우엔 안 써보면 절대로 알 수 없어요. 생각할 수도 없지요.

---

* 제9조에 전쟁 포기를 명기한 헌법으로 1946년 11월에 공포되었다.

다나카 소크라테스라면 찬성이냐 반대냐는 중요하지 않다, 문답하다 보면 어느 쪽으로든 결론이 날 것이라고 하겠지요. "로고스*가 움직이는 대로 몸을 맡긴다"라는 의미의 유명한 말도 있잖습니까? 다만 결론을 처음부터 정해두고 시작하는 장르는 옛날부터 있었는데, 법정 변론이 바로 그런 것이죠. 검사는 유죄, 변호사는 무죄라는 결론을 내야만 합니다. 제가 자주 야유하곤 하는데, 일본의 언론계는 대체로 법정 변론형입니다.

대체로 일본인은 법률로 따지길 좋아합니다. 헌법 제 몇 조를 위반했느니, 안 했느니 그런 논쟁만 벌이고, 국책으로서 어느 쪽이 도움이 될지는 고려하지 않습니다. 그런 건 정치적 논쟁이 아닙니다. 정치가란 결과적으로 자기가 내세웠던 주장을 부정하는 한이 있더라도, 국가의 이익과 민중의 행복에 보탬이 되는 결과를 도출해 낼 수 있는, 현실적인 정신이 없으면 안 됩니다.

고바야시 그런 의미에서 공자라는 사람은 정치가지요.

다나카 최근에 뭔가를 계기로 생각을 해보게 됐는데, 연애를 하는 경우에 상대가 자기를 좋아해줄지 말지보다도 결혼을 결심하기 위한 상대의 조건 같은 것만 중시하니까, 내게 그런 조건만 갖춰지면 상대가 "예스"라고 대답할 것

---

* 본래는 언어를 의미하는 그리스어. 개념, 의미, 논리, 사상, 정의 등 다양하게 번역된다.

이라 믿어버리는 겁니다. 그러니까 막상 "노"라는 대답을 들으면, 당최 납득을 못하는 거죠. 그럴 리가 없다는 거예요. 하지만 좋아하는지 싫어하는지를 확실히 해두는 게 선결 문제 아닐까요? 그러나 이런 사고방식은 구식이고, 필요한 조건만 갖춰가면 좋다 싫다 같은 건 간단히 해결된다고 여기는 게 오히려 현대식 사고방식인지도 모르겠습니다. 즉 오늘날에는 정치든 경제든, 무엇이든 계산하고 계량하면서 주변에서부터 공략해가는 방식이 주가 되었습니다. 사회과학에서도 계량 가능한 영역을 확대시켜 가다가 전체를 자연과학에 접근하게 만드는 사고방식이 있는 듯합니다만.

고바야시 그런 것이 근저에 있겠지요. 그런 학문에 대한 교육 방식이 잘못된 건 아닌지 의문입니다. 방금 전의 연애 이야기와는 다르지만, 좋아하냐 싫어하냐의 문제가 뒷전으로 밀려나 있어요. 공자가 말했지요, "아는 자는 좋아하는 자만 못하고, 좋아하는 자는 즐기는 자만 못하다"고.

좋아한다든가 즐긴다든가 하는 게 공자에게는 근본적이었단 말이겠죠. 가장 현실적인 것이었다는 말이고. 안다는 건 일단 현실로부터 떨어져 있어도 되었던 거죠. 그런 근본적인 것에 대한 인식이 지금은 거꾸로 된 경향이 있는 듯합니다. 현실적인 건 계량 가능하고 합리적인 것이다, 이렇게 돼버린 거죠.

다나카 이케다 하야토* 수상은 아니지만, 숫자를 늘어놓는 편이 설득력은 있습니다. 법정 변론에서 갑론을박으로는 끝이 안 나도 숫자라면 중립적인 형태이므로 논쟁이 정리됩니다. 그러니까 숫자로 조작되는 영역을 개척하는 거죠. 이른바 근대화나 진보라는 건 그런 것과 연결되어 있어요. 다만 좋아하냐 싫어하냐는 수량적으로 측정할 수 없지요.

플라톤은 교육의 근본은 좋아하냐, 싫어하냐가 중요하다고 보았기 때문에 예술 교육을 중시했습니다. 예술 교육이 인간의 좋고 싫음의 근본을 규정한다는 사고방식이지요. 그런 점에서 공자와 공통된 생각을 가졌을지도 모르겠네요.

고바야시 대체로 교양이라는 건 학문적 소양이 있느냐 없느냐가 아니라 완전히 성격적인 거잖아요. 물론 거기에는 감정적인 것도, 좋고 싫음의 문제도 포함되어 있습니다.

에도시대의 학문에서는 학문과 생활적 수양이 일치되어 있었습니다. 오늘날의 학문 개념으로 생각해보면 이해하기 어려운 부분이지요. 학문을 하는 게 생활의 즐거움이기도 했다는 것부터가 벌써 이해하기 어려워요. 예를 들

---

* 池田勇人(1899-1965). 정치가. 제58, 59, 60대 내각총리대신을 지내며 소득배증정책을 실시하여 일본경제성장에 이바지했다.

면 이토 진사이*의 경우, 사숙私塾을 열어 그 수업료로 먹고살았습니다. 제자가 모든 계급에 걸쳐 있었고, 부유한 상인도 많이 있었던 모양입니다만, 그런 자들은 도락이란 도락은 다 경험해보고 나서 마지막으로 학문을 도락으로 삼았다고 생각되거든요. 진사이 선생 밑으로 가면 인생을 알 수 있다, 살아가는 의미를 알 수 있다, 그런 게 술과 여자보다도 흥미로웠다는 말이겠지요.

생활 일반에 관한 교양으로서의 학문, 이 길은 상당히 일찍부터 시작되었고 일관되게 지속되어 왔습니다. 이른바 문인묵객文人墨客** 같은 것인데, 이건 소라이***가 시초로, 이 또한 역사가가 다시 한번 진지하게 생각해봐야 할 문제가 아닐까요? 그토록 자유롭고 풍부한 수양이 갖는 힘의 의미를 말입니다. 메이지 유신이라는 대대적인 개혁도 그렇게 에도시대에 축적된 교양의 폭넓은 층 없이는 생각할 수 없는 일이죠.

다나카 그 문제는 중요합니다. 지금의 아프리카 신흥국들은 원시시대로부터 급격히 생겨나서 과거의 축적이 없습니다. 일본의 경우에는 고대부터 중세, 근세라는 일종의 문

---

* 伊藤仁齋(1627-1705). 유학자. 주자학을 비판하며 공자와 맹자가 쓴 원전의 뜻 '고의(古義)'를 깨우치는 것이 진정한 학문이라는 주장을 폈다.
** 시가와 서화 등의 풍류를 즐기는 사람을 일컫는 말.
*** 荻生徂徠(1666-1728). 유학자, 문헌학자. 고전을 읽는 방법론으로서 고문사학(古文辭學)을 표방하는 등 독창적인 반주자학 사상을 확립했다.

명이 있어서, 축적도 있었고 능력도 개발되어 있었단 말이죠. 메이지 유신도 그렇지만, 패전 후의 일본에 대해서도 같은 말을 할 수 있습니다. 전쟁으로 모든 게 파괴되어버렸어도 메이지 이래로 개발된 능력은 남아 있었지요.

편집부 메이지 유신에는 그 이전부터의 축적이 있었고, 패전 후의 일본에는 메이지 이래의 축적이 있었다고 한다면, 오늘날 '사고'하는 경향이 사라져가는, 즉 교양의 붕괴라는 문제가 대두되는 건 일본 고유의 문제입니까, 근대의 문제입니까?

다나카 일본에서 말하는 근대화의 문제입니다. 다만 유럽에서도 정신이나 교양과 양립하지 않는 형태로 근대화가 진행되었는지 어땠는지는…. 미국에서도 근대화가 상당히 진행된 결과, 경영자가 경영학보다는 셰익스피어를 읽게 되었다는 사실이 있다고 하던데, 근대화도 어느 정도까지 나아가면 다시 거꾸로 돌아가는 게 아닐까요? 일본의 근대화는 아직 거기까지는 이르지 못한 것 같습니다만.

고바야시 요컨대 지금은 그런 걸 논하기가 매우 어려운 시기 아닐까요? 일전에 골동품상과 이야기를 나눴습니다만, 요즘은 골동품상이 물건의 가격을 알 수 없게 되었다고 합니다. 5만 엔 정도의 물건으로 생각하는데, 상대편이 50만 엔에 사겠다고 한다는 겁니다. 골동품상의 말에 따르면, 아무래도 아마추어들만 잔뜩 늘어나서 상대하기 쉽지 않다고 하네요. 과거의 규정 같은 게 점점 없어져 가는데 왜 그렇게 돼 가는지 모르겠답니다. 그러나 점차 자리를 잡아가지 않겠습니까? 여전히 상식이라는 게 있으니, 거쳐야 할 과정은 거쳐야겠지요.

역시 교육이 중요합니다. 특정 시기의 명확한 정서 교육 말입니다. 대체로 좋아하냐, 싫어하냐 하는 것은 엉터리 같아 보이지만, 논리 같은 엉터리는 아니죠. (웃음) 빨간 꽃을 파랗다고 하는 사람은 없으니까요. 이른바 취향은 다양하지만, 혼란스러워지는 일은 없습니다. 쓸데없이 머리를 굴리니까 혼란스러워지는 거죠.

편집부 취향이라는 건 가르치기 어려운 거 아닙니까?

고바야시 그건 교육의 방식에 따라 매우 쉬울 수도 있습니다. 음악 교육이라면 훌륭한 음악을 들려주거나 알려주거나 하는 형식적인 방법으로 충분하다고 봐요. 도덕 교육도 마찬가지죠. 정말 간단한 것을, 방법을 강구해서 가르친다면 80퍼센트는 교육이 됩니다. 다양한 내용을 고려해서 완전한 도덕 교육을 하려는 목표를 가지니까 어려워지는 거죠.

다나카 교육이라는 건 설교가 아니라 습관을 형성시키면 되는 거예요. 그런 걸 지금은 다 무시하고, 교육자가 아이들에게 앙케트를 실시하고 취합해서 아이들은 이렇게 생각하고 있다느니 하지만, 아이들은 교사가 하는 말을 반복하고 있을 뿐이거든요. 그러고는 학부모를 붙잡고 요즘 아이들이 이러하니 부모님은 이렇게 하셔야 된다는 둥 강요하는 것은, 아이를 인질로 삼아 몸값을 요구하는 유괴범과 다름없는 행동입니다.

고바야시 현재의 교육에서는 암송을 시키지 않지요. 만사를 '모습'부터 가르치려고 하지 않습니다. 『만요슈万葉集』라면 『만요슈』를, 해설이나 관련 지식을 설명할 뿐 감각적으로 읽게 하지는 않습니다. 그리고 고전을 너무나도 무신경하게 현대어로 번역하는 것도 근본적으로 잘못되었어요. '모습'이 있는 것은 조형 미술뿐만이 아닙니다. 말에도 '모습'이 있지요. 일본인이라면 반드시 일본의 말에 대한 모습의 감각이 있을 겁니다. 그 감각을 떠올리게 만드는 것이 교육이에요. 오늘날 유물론이 어쩌고저쩌고 합니다만, 유물론이라면 인간의 감각이나 감수성을 생각해야만 합니다. 인간의 육체, 인간의 생리를 소홀히 해서는 안 되죠. 예술은 생리는 아니지만 거기 딱 붙어 있죠. 그런 부분을 가르쳐야 합니다. 과거에는 내용을 알건 모르건 와카 50수를 암송하지 못하면 졸업할 수 없다는 식으로 교육시켰습니다. 참으로 어리석은 교육 같아 보이지만, 실은 그렇지 않단 말입니다.

다나카 외국에서도 암송이 기초이지 않습니까? 저를 가르쳐준 독일인은 암기를 많이 시켰어요. 괴테의 긴 시를 외워

오라고 했지요. 시험이 끝나면 싹 잊어버리지만, 역시 그런 교육이 진짜 중요한 게 아닐까 생각합니다. 독서백편의자현이라는 소독素讀*은 아주 중요하지요. 소독을 하는 동안 저절로 뜻을 이해하는 사람은 더 좋겠지만, 이해하지 못하더라도 상관없습니다. 해설 같은 건 오히려 방해가 될 뿐입니다.

교양의 기반에 대하여

다나카 일본의 문장이라든가 고전을 생각할 경우에도 메이지 이후 유럽의 압도적인 영향을 받았던 만큼 복잡해지고 있습니다.

고바야시 그렇습니다. 이 시점에서 지나간 일들을 돌이켜보면 일본 문명, 문화라는 것은 복잡할 수밖에 없죠. 아주 옛날부터 외국문물의 영향을 계속 받아왔으니까요. 뭔가 병적이지 않은 게 이상할 정도로 복잡합니다. 우리가 경험한 것들도 뭐 하나 생각해 낸 게 아니에요. 조금 더 정신적으로 건강하게 즐길 방법이 있을 테지만, 반드시 병적인 것이 되고 맙니다. 요컨대 정신적 에너지의 분출구를 원하고 있다는 말인데, 시로 말하자면 일본의 시보다

---

* 문장의 뜻은 생각하지 않고 글자만 소리 내어 읽는 방식.

프랑스의 시를 더 흥미로워하는, 묘한 형태를 취하는 겁니다.

다나카 문학의 경우, 근대화의 모델은 역시 프랑스 문학인가요?

고바야시 그렇습니다. 그것도 우연입니다만, 그 우연한 만남에 싫어도 응해야만 했지요. 저는 잘 모르지만, 일본에 독일 철학이 들어온 것도 우연이지 않았나요? 외국인들은 좀처럼 파악하기 어려운 일본 인텔리들의 고통이 거기에 있지요. 미국과 같은 나라 사람들은 이해하지 못하는 고통 말입니다. 그런 고뇌와 고통의 시간은 길었고, 앞으로도 계속 이어지지 않겠습니까? '철학'이라는 말을 니시 아마네*가 만들었다는 말을 듣고 그의 책을 읽어봤더니, 처음에는 희철학希哲學이라는 말을 사용했더라고요. 어째서 '희'자가 빠지게 됐을까요?

다나카 처음에는 희철학 또는 희현학希賢學이라고 했습니다. '선비는 어진 사람이 되기를, 현명한 사람이 되기를 바란다'**라는 의미로 사용한 것이겠지요. '희현학'은 유학儒學이 연상되니 감각적으로 낡았다는 이유로 포기한 게 아

---

* 西周(1829-1897). 철학자, 계몽사상가. 서양 언어를 번역하여 근대 어휘를 만드는 데 크게 공헌했다.

** 그리스어로 '지식을 사랑한다'에서 유래한 필로소피(philosophy)를, 니시 아마네가 북송의 유학자 주돈이(周敦頤)의 『통서(通書)』 「지학(志學)」에 있는 '사희현(士希賢, 선비는 어진 사람이 되기를 바란다)'을 따서 '희철학'이라고 번역했다가 이후 '철학'으로 바꾸었다.

닐까요? 왜 '희'자를 뺏는지 모르지만, 나중에는 니시 아마네 자신도 '철학'이라는 단어를 사용합니다. 그의 번역어 중에는 아직도 남아 있는 말이 상당히 많습니다. 선천과 후천, 습성과 오성悟性 같은 말. 니시 아마네라는 사람은 대단해요. 어쨌든 산업 근대화의 필요에 따라 막부에서 유럽에 파견한 사람이었으니까 실학을 배우면서도 한편으로 철학까지 관심을 가졌으니 말이죠.

고바야시 제가 니시 아마네에게 흥미로웠던 점은 그의 눈을 뜨게 만든 사람이 오규 소라이였다는 점입니다. 소라이의 학문은 그 당시 이단으로 취급되어서, 니시 아마네도 병에 걸려 자리에 누워서야 처음으로 읽게 되었죠. 정통 학문이었다면 정좌하고 읽어야 했겠지만. 우연히 읽기 시작해서 깜짝 놀란 겁니다. 그때 눈을 뜬 거예요. 소라이를 통해서 소크라테스를 알게 된 거죠.

다나카 '소크라테스라는 현인이 있는데'라고 쓰여 있지요.

고바야시 교양의 전통이라는 것은 사소한 기회에도 되살아나곤 하는군요. 한문이라는 소양이 있으니까 번역도 잘한 거겠죠.

다나카 성서만 해도 예전 번역이 낫습니다.

문명의 원리에 대하여

고바야시 그런 책은 개량이 잘 안 된다는 사실을 알 수 있죠. 자연스레 파괴되어가는 건 괜찮지만, 그렇게 변화해가는 가운데 어떤 섭리가 있다고 봅니다. 오래 생존할 수 있도록 하는 뭔가가. 인간의 성장만 해도 매우 완만합니다. 그러니까 목숨을 이어 나가는 건데, 문명이라는 것도 그런 게 아닐까요? 인위적인 개량이나 혁명으로는 죽어버리는 경우도 있습니다. 문명은 우리가 살아가는 데에 깊이 연관되어 있지 않습니까? 문명은 쇼크를 받으면 멸망해버려 좀처럼 회복할 수 없지요. 역사의 흐름 속에는 그런 것이 있다고 봅니다.

다나카 에드먼드 버크*가 말하는 보수주의의 진수도 그런 것이겠죠.

고바야시 그렇다면 저는 보수주의입니다. 아직도 보수를 모르는데 어찌 진보를 알 수 있을까요.

다나카 옛것을 전부 버리고 새로운 것으로 갈아 치운다고 하면 진보가 아니지요. 인간이 평생 하는 경험은 한정되어 있으니까, 그전까지의 축적을 바탕으로 삼지 않으면

---

* Edmund Burke(1729-1797). 영국의 정치가, 사상가. 잉글랜드의 전통적 체제를 옹호한 『프랑스 혁명에 대한 성찰(Reflections on the Revolution in France)』은 근대 보수주의의 고전으로 유럽 전체에 영향을 끼쳤다.

헛된 노력을 하게 됩니다. 토인비나 슈펭글러의 설을 빌리자면, 문명의 성숙이 멈추고 새로운 싹이 나지 않으면 문명은 쇠퇴해간다는 말이 되겠죠.

그리스의 경우를 생각해보면, 그리스 문명은 아직까지도 살아 있지만, 그 문명을 짊어졌던 민족은 사라져버렸다고도 볼 수 있지 않을까요? 그리스 자체의 역사를 생각해보더라도, 새로운 것을 만들어 내던 시기와 창조성을 잃어버린 시기가 있었습니다. 내란과 전쟁으로 인해 정치적인 조건이 달라진 데도 원인이 있겠지만, 그리스 도시에 자유가 있던 시기에는 역시 창조성이 있었습니다. 그 당시로 말하자면 세계대전이었던 펠로폰네소스 전쟁으로 아테네 등이 크게 피해를 입었고, 그 후에 어느 정도 다시 회복되었는데, 그 대전이 일어난 시기가 플라톤의 청년 시절이고, 그다음 세기가 플라톤, 아리스토텔레스의 전성시대입니다. 그 세기말에는 그리스 도시의 자유는 종언을 맞이했고, 알렉산드리아로 중심이 옮겨져 유클리드의 기하학과 아르키메데스의 원리와 같은 과학과 문헌학의 황금시대가 열립니다. 슈펭글러의 설에 따르면, 과학과 문헌학은 말기적 현상이라고 합니다. 그리스가 완전히 무너지게 된 때는 로마가 지중해를 정복한 시대죠. 로마는 그리스의 제자 격인데 독창성이 없습니다. 정치적으로 고대 세계 전체를 지배했지만, 그 정치

또한 공화정이 제국주의로 바뀌면서 심각한 암흑시대가 도래합니다. 로마의 황제는 끊임없이 바뀌었고, 편안하게 죽지도 못했습니다. 그리스 문명의 평가와 고대 세계의 몰락이라는 것은 쉽지 않은 주제라서, 토인비도 그때를 모델로 삼아 문명의 몰락을 고찰했어요. 그런데 정치사적으로 봤을 때 가장 흥미로운 것은 역시 로마의 역사입니다. 저는 오래전부터 노년이 되었을 때 로마사를 써 보자는 꿈을 갖고 있었습니다. 지금은 도저히 그 많은 로마사 관련 사료들을 읽을 기력도 없습니다만, 그걸 제대로 썼더라면 일종의 정치교과서가 됐을 겁니다. 플루타르코스의 『플루타르코스 영웅전 Lucius Mestrius Plutarchus』이라는 책도 정치 공부를 할 때 텍스트의 하나로 사용되는 것 같습니다만.

고바야시 전 병상에 누워서 『플루타르코스 영웅전』을 전부 읽었어요. 지루했지만 노能*를 보는 듯한 느낌이 들었죠. 지루하지 않으면 알 수 없는 것이 있더군요. 문장을 읽다 보면 눈에 탁 띄는 좋은 부분이 나오기도 합니다. 역시 지루하다는 것도 도움이 될 때가 있어요.

다나카 플루타르코스는 역사가로서는 오히려 평범하다고나

---

* 일본의 전통 가면극. 느리고 절제된 동작이 특징이다.
** Thoukydidēs(기원전 460년경-기원전 400년경). 아테네의 역사가. 『펠로폰네소스 전쟁사』(미완) 8권을 기술했다. 명석한 통찰력과 공평한 기술은 후세 역사가의 모범으로 여겨진다.

할까. 역사가로서는 투키디데스**가 최고입니다. 읽기 아주 어렵고 개성이 강한 문장이지만, 참고 읽어나가면 훌륭하다는 걸 알 수 있어요. 정치를 이해하기 위해서는 정치적 식견과 정치적 센스가 필요한 법인데, 투키디데스는 교양을 가진 인텔리이기도 했고, 정치가로서 실제로 정치에 관여했다가 추방을 당한 경험도 있으니까 그런 만큼 센스도 있었던 셈이지요. 카이사르의 회상록 『갈리아 전기 De Bello Gallico』가 좋은 책인 이유도, 카이사르 역시 교양을 가진 사람이라서 인간을 잘 통찰할 수 있었기 때문일 겁니다.

발표 지면

독서에 대하여	『문예춘추(文藝春秋)』, 1939년 4월.
작가 지망생을 위한 조언	『오사카 아사히신문(大阪朝日新聞)』, 1933년 2월.
문장 감상의 자세와 방법	『일본현대문장강좌(日本現代文章講座)』 제2권, 1934년 10월.
독서 제대로 즐기기	『부인공론(婦人公論)』, 1939년 11월.
독서주간	『신초(新潮)』, 1954년 2월.
책이라는 반려	『마이니치신문(每日新聞)』, 1973년 10월.
국어라는 큰 강	『마이니치신문』, 1958년 1월.
가야노다이라를 다녀와서	『산』, 1934년 10월.
미를 추구하는 마음	『미를 추구하며(美を求めて)』, 1957년 2월.
말하기와 글쓰기	『신초(新潮)』, 1954년 1월.
문장에 대하여	『제국대학신문(帝國大學新聞)』, 1932년 3월.
나의 문장 쓰기	『현대문장강좌(現代文章講座)』 제1권, 1940년 3월.
비평과 비평가	『월간문장강좌(月刊文章講座)』, 1935년 10월.
비평에 대하여	『NHK교양대학(NHK教養大學)』, 1954년 6월.
비평	『요미우리신문(讀賣新聞)』, 1964년 1월.
문화에 대하여	『가이조 문예(改造文藝)』, 1949년 5월.
대담―교양이란	『중앙공론(中央公論)』, 1964년 6월.

옮긴이의 말

　　　　　　　　　이 책은 일본에서 비평을 문학 장르의 하나로 확립시킨 비평가 고바야시 히데오小林秀雄가 1932년부터 1973년 사이에 쓴 에세이, 활자화된 강연, 대담 등을 편집한 모음집이다. 책 제목은 『비평가의 책 읽기』로 되어 있지만, 차례에서도 알 수 있듯이 독서와 연관된 문장 이야기, 말과 글에 대한 이야기, 저자의 전문 분야인 비평 이야기, 나아가 작가 지망생을 위한 조언까지도 주제로 다루어져 있고, 내용으로 들어가면 음악과 미술, 시의 감상 이야기, 교양에 대하여, 문화에 대하여 등 다방면에 걸쳐 고바야시의 탁견들이 담겨 있다.

중학교 시절 러시아문학을 읽으면서 시작된 고바야시의 독서열은 병행 독서를 하기에 이르렀고, 일류 작품의 미독, 탁월한 작가의 전집 숙독 등 자신만의 독서 기술로 쌓은 온

갖 지식의 축적은 이 독서광으로 하여금 스물일곱의 나이에 평론가로 데뷔하고, 스물여덟에는 비평가로서의 지위를 확립하게 해주었다.

이 독서의 달인은 자신이 책을 인생의 반려로 삼으며 진정한 즐거움을 찾게 된 독서 여정을 바탕으로 이렇게 말한다. "독서의 기술은 이것저것 구별하지 않고 무조건 읽는 데서 시작된다. 난해하겠지만 일류 작품만 읽어라. 탁월한 작가를 선택해 그 사람의 전집을 읽어라. 시간과 노력을 들여 지은이가 자신의 모습을 드러낼 때까지 읽어라." 그러면서 책을 읽어야 하는 이유로는 자기 자신을 알기 위해서라고 말한다. 인간은 자신을 알기 위한 도구로써 타인이라는 거울만을 갖고 있을 뿐이므로. 이런 말들은 사고력이 좋아진다거나 통찰력이 생긴다거나 인생관이 바뀐다는 말보다도 책을 읽어야겠다는 생각이 간절해지게 만든다.

이 책을 읽는 독자 중에 어떤 이는, 작품을 쓴 작가라는 인간을 떠올리는 소설 읽기란 무엇인지 곰곰이 생각하며 자신의 독서법을 점검해볼 것이며, 또 어떤 이는 취미라는 감성적 문제인 문장 음미를 이성적으로만 판단하려고 해왔음을 반성할 것이다. 그리고 앞으로는 '자기를 버리고 타인 속으로 파고들' 정도로 몰입해서 '문장이 주는 인상을 충분히 향수하는' 문장 감상을 해봐야겠다고 다짐하기도 할 것이며, 책으로 여러 가지 사상을 배울 때, '타인의 사상을 가

옮긴이의 말

장하는 재주'를 익힐 게 아니라 '자신에게 비춰서 적혀 있는 사상을 이해하려고 노력'해야겠다고 생각할 것이다.
 또 어떤 이는 아래와 같은 말들로 인식을 전환하기도 할 것이다.

"마음에도 없는 글을 쓰지 않겠다는 각오는 좋으나, 마음으로 확실하게 생각한 것을 그대로 글로 옮긴다고 좋은 문장이 된다는 보장도 없다. 글이라는 것은 그리 간단하지가 않다. 생각한 것을, 본 것을 그대로 말로 옮길 수 있다는 사고방식 자체가 심히 경박하다. 그러한 사고방식으로 글을 쓰기 때문에, 저도 모르는 사이에 말은 생각을 재현하는 기호에 불과하다는 오류에 빠진다."
"와카는 의미를 알아야 하는 말이 아닙니다. 느낄 수 있는 말의 모습, 형태인 것입니다. 말에는 의미도 있지만, 모습, 형태라는 것도 있음을 명심해주기 바랍니다."
"그림은 눈으로 즐기는 것이고, 음악은 귀로 듣고 감동하는 것이지, 머리로 아니 마니 할 거리가 아니라는 말입니다. 우선 무엇보다도 봐야 합니다. 들어야 합니다."
"아름다운 것은 여러분의 입을 다물게 합니다. 아름다움에는 사람을 침묵시키는 힘이 있습니다. 이것이 아름다움이 갖는 근본적인 힘이고 근본적인 성질입니다."
"비평 정신의 가장 근원적인 것 혹은 순수한 것을 더듬어

가다 보면, 자기 비평 또는 자기 이해라는 것을 극점에 두고 있음을 알게 된다."

"비평이란 사람을 칭찬하는 특수한 기술이다."

"자기가 의식하는 자신은 진정한 자신이 아닙니다. 타인에게서 빌린 것입니다. 타인에게서 배운 사상이나 의견 또는 습관이나 방법, 감정 같은 것의 집합체에 지나지 않습니다."

청소년기부터 고바야시 히데오의 책을 읽어왔던 철학자 기다 겐^{木田元}은 그의 말을 따라 도스토옙스키의 전집을 읽기도 했으며, 이를 계기로 도스토옙스키에게서 큰 영향을 받은 독일의 철학자 하이데거에 대한 관심이 생겨났다. 그의 책 『존재와 시간』을 읽고자 도호쿠대학 철학과에 입학한 끝에 철학을 평생의 직업으로 삼게 되었다고 한다. 그리고 이렇게 덧붙인다. "고바야시 히데오의 글은 결코 쉽다고 할 수 없습니다. 그런 글을 잘 이해하게 되기까지는 상당한 독서 훈련이 필요하겠지요. 그러나 이 사상가는 충분히 그럴 만한 가치가 있는 사람입니다." 고바야시의 모든 책을 읽은 기다 겐은 마침내 『뭐든지 다 고바야시 히데오에게 배웠다 ^{何にもかも小林秀雄に教わった}』(2008)라는 책을 냈다.

기다 겐도 언급했듯이 고바야시의 문장은 어렵기로 정평이 나 있다. 「국어라는 큰 강」에서 자신의 악문에 관한 일

화들을 소개한 그는 「나의 문장 쓰기」에서 이렇게 실토한다. "생각하는 것과 이를 표현하는 것 사이에는 항상 과부족을 느끼게 돼, 그 고통에서 벗어나기가 힘들었다. 난해한 말을 쓰거나 비틀린 어법을 썼던 이유도 여기에 있다." 또 한편으로는 여동생에게 이런 생각을 밝혔다. "어려운 사항을 쉽게 하려는 것이야말로 제일 어려운 일이다. 어렵다기보다 불가능하다고 해야겠지. 그럴 수는 없어. 원래의 의미와 달라져버리니까. 어렵다고 생각되면 알 때까지 읽어야지."(다카미자와 준코, 『오빠 고바야시 히데오와의 대화兄小林秀雄との對話』, 1907) 이 말을 평론가이자 극작가 후쿠다 쓰네아리福田恒存의 말을 빌리면 아래와 같을 것이다.

"고바야시 히데오는 알기 쉽게 쓸 수 있는 말을 일부러 어렵게 쓰는 것이 아닙니다. 그의 미덕은 솔직함입니다. 일부러 난해하게 쓰려는 사이비 근대적인 악덕은 갖고 있지 않습니다. 다만 그가 다루는 대상 그 자체가 난해할 뿐입니다. 난해한 것은 난해하게 서술할 수밖에 없습니다. 그런 것을 알기 쉽게 쓰려고 하면 거짓말이 됩니다.

우리는 고바야시 히데오의 문장을 읽고 좋든 싫든 현실의 난해함에 직면하게 됩니다. 그는 그것을 풀어서 이야기하지 않고 우리에게 자신과 똑같이 현실의 난해함을 보기를 원하고 또 보여주는 것입니다. 그것이 보이는 눈에는 고바야시 히데오의 문장이 명쾌하게 비치겠지요."
—고바야시 히데오, 『사소설론』 해설에서, 1951.

   고바야시 히데오가 일본 근대비평의 일인자로 우리나라 근대문학 연구에서 빼놓을 수 없는 존재임은 김윤식의 『내가 읽고 만난 일본』(2012)을 통해서도 알 수 있는데, 수많은 고바야시 히데오의 저작 중에 국내에서는 옮긴이가 번역한 『고바야시 히데오 평론집』(2003)이 유일무이했었다. 하지만 이마저도 현재는 절판되었다. 이번 출간을 계기로 그의 저작이 더 많이 소개되기를 바라 마지않는다.
   본 역서의 경우, 원전의 문장이 고바야시의 문장치고는 쉬운 편이나, 번역자로서 독자들의 이해를 돕기 위해 최대한 우리말 어법으로 바꿔 옮겼음을 밝혀둔다.
   마지막으로 작가 오오카 쇼헤이의 "고바야시의 비평은 독자의 머리가 아닌 가슴에 호소한다"는 평과 문학평론가 나카무라 미쓰오의 "일본 비평문학의 개척자는 본질적으로는 비평가가 아니라 산문으로 자기를 표현한 시인입니다"라는 평을 소개해둔다.

2024년 12월
유은경

편집 후기

　　　　　　　　　　　　최종 수정을 하고 대조까지 마치면 이제 남은 건 '편집 후기'다. 길었던 여정의 끝이 온 것이다. 편집 후기는 어떤 걸 쓸까. 책을 끝낼 때마다 매번 쓰는 편집 후기인데도 부담이 줄어들지 않는다. 출간을 앞두고 있으니 빨리 써야 한다는 압박감이 이번에도 찾아온다. 한가롭게 책상에 앉아 편집 후기를 어떻게 쓸지 구상할 여유는 없다. 빨래를 개고, 보리차를 끓이며 편집 후기에 대해 생각한다. 마침 좋은 생각이 떠오른다.

　고바야시 히데오(1902-1983)의 이력을 한번 보자. 불문과 출신, 20대에 평론가로 데뷔, 가와바타 야스나리 등과 문학잡지 『문학계』 창간, 랭보의 『지옥의 계절』, 발레리의 『테스트 씨』 번역. 그의 이력을 살펴보는데 생각나는 평론가가 있다. 똑같은 불문과 출신, 20대에 평론 발표, 김승

옥, 최하림, 황동규 등과 함께 『문학과지성』 창간, 랭보의 『지옥에서 보낸 한철』, 발레리의 『해변의 묘지』 번역…. 그는 바로 평론가 김현(1942-1990)이다. 그 당시 평론가들의 시대적 사명이었던 걸까. 평행이론처럼 둘의 이력은 묘하게도 비슷하다.

그렇다! 일본 문예비평의 창시자 고바야시 히데오와 한국 문학비평계의 전설 김현을 비교하면서 평론가란 무엇인지 의미 부여를 하면 될 것 같다. 아귀가 딱딱 맞아떨어지는 게 쓰기도 전에 대단한 편집 후기가 완성된 것 같은 착각이 든다. 뭔가 일이 잘못되어 가고 있다는 신호지만 이때는 모른다. 편집 후기는 시작되었고, 자료를 찾아 어찌어찌 껴 맞추며 글쓰기를 이어간다.

그러다 고바야시 히데오의 이 문장을 발견했다.

"아름다운 꽃이 있다. 꽃의 아름다움이라는 건 없다."

그제야 이 책을 작업하며 읽었던 "말의 방해를 받지 않고 꽃의 아름다운 느낌을 그대로 유지하며 묵묵히 꽃을 바라보면, 꽃은 여러분에게 일찍이 본 적 없는 아름다움을 그야말로 한없이 드러내 보일 것입니다"라는 의미가 몸 안으로 들어온 것이다. 잠들어 있던 내 편집 후기가 놀라서 깬다. 막힌 게 뻥 뚫리는 것처럼 쾌한 감정이 차올랐다. 일정 궤도에 오른 사람들에게는 다 통하는 이치인 건지, 고바야시와 비슷한 말을 했던 한 시인도 생각이 났다. "이제까지

배운 건 다 잊어버려라. 잊고 써라."

스물일곱에 평론가로 데뷔한 고바야시 히데오는 비평가들이 알면서 못 본 척 말하지 않는 걸 내가 말해보겠다며 여러 문학사조에 대해 거침없이 말했던 평론가였다. 문단은 그에게 우호적이지 않았고, 그는 소수의 작가에게만 인정을 받았다. 주류와는 다른 독자적인 길을 개척했던 고바야시 히데오는 훗날 소설가 미시마 유키오로부터 "일본의 평론 문체를 수립한 천재", "발레리와 마찬가지로 매우 논리적이면서도 일본의 전통인 감각적 사고의 틀을 고수한" 문체를 가진 평론가라는 극찬을 받기에 이른다.

패기 넘치는 한 젊은 평론가가 원숙한 평론가로 성장할 때까지 쓴 독서론을 모은 이 책은 그의 평론보다는 대체로 편하게 읽을 수 있는 산문들이다. 하지만 읽기가 수월하다고 그 안에 담긴 뜻이 쉽게 손에 잡히는 건 아니다. 첩첩산중 같지만, 그 안에서 아담한 절 하나를 만나게 되는 그의 문장들을 맛보고 있으면 "최상의 비평은 언제나 가장 개성적"이라고 생각했던 고바야시의 사상을 실로 마주한 것 같은 기분이 든다. 편견 없는 눈으로 대상을 바라보려 했던 한 평론가의 진솔한 문장들. 진정한 평론가란 어쩌면 가장 시인다운 시인인지도 모르겠다.

미행에서 만든 책들

1	소설	마르셀 프루스트	최미경	쾌락과 나날
2	시	조르주 바타유	권지현	아르캉젤리크
3	소설	유리 올레샤	김성일	리옴빠
4	시	월리스 스티븐스	정하연	하모니엄
5	소설	나카지마 아쓰시	박은정	빛과 바람과 꿈
6	시	요제프 어틸러	진경애	너무 아프다
7	시	플로르벨라 이스팡카	김지은	누구의 것도 아닌 나
8	소설	카트린 퀴세	권지현	데이비드 호크니의 인생
9	르포	스티그 다게르만	이유진	독일의 가을
10	동화	거트루드 스타인	신혜빈	세상은 둥글다
11	산문	미시마 유키오	강방화·손정임	문장독본
12	소설	마르셀 프루스트	최미경	익명의 발신인
13	시	E.E. 커밍스	송혜리	내 심장이 항상 열려 있기를
14	시	E.E. 커밍스	송혜리	세상이 더 푸르러진다면
15	산문	데라야마 슈지	손정임	가출 예찬
16	칼럼	에릭 사티	박윤신	사티 에릭 사티
17	산문	뤽 다르덴	조은미	인간의 일에 대하여
18	르포	존 스타인벡·로버트 카파	허승철	러시아 저널
19	소설	윌리엄 포크너	신혜빈	나이츠 갬빗
20	산문	미시마 유키오	손정임·강방화	소설독본
21	소설	조르주 로덴바흐	임민지	죽음의 도시 브뤼주
22	시	프랭크 오하라	송혜리	점심 시집
23	산문	브론테 자매	김자영·이수진	벨기에 에세이
24	소설	뱅자맹 콩스탕	이수진	아돌프/세실
25	산문	안드레이 플라토노프	윤영순	전쟁 산문
26	소설	안토니 포고렐스키 외	김경준	난 지금 잠에서 깼다
27	소설	모리 오가이	전양주	청년
28	소설	알베르틴 사라쟁	이수진	복사뼈
29	산문	페르난두 페소아	김지은	이명의 탄생
30	산문	가타야마 히로코	손정임	등화절
31	산문	고바야시 히데오	유은경·이재창	비평가의 책 읽기

한국 문학

1	시	김성호	로로
2	시	유기환	당신이 꽃 옆에 서기 전에는

고바야시 히데오(小林秀雄, 1902-1983)는 1902년 4월 11일 도쿄에서 태어났다. 도쿄대학 프랑스문학과를 졸업한 후, 1929년 평론 「각양각색의 의장(様々なる意匠)」으로 문단에 데뷔했다. 1930년 『문예춘추』에 '문예시평'을 게재하고 호평받아 비평가로서의 지위를 확립했다. 문예비평을 하는 한편 번역서도 출간했다. 문학잡지 『문학계』 편집자, 소겐샤(創元社) 대표를 지냈다. 1951년 『고바야시 히데오 전집』으로 예술원상을 수상하고, 1967년에는 문화훈장을 받았다. 대표 저서로 첫 장편 평론집 『도스토옙스키의 생활』, 『사소설론』, 『무상이라는 것』, 『모차르트』, 『고흐의 편지』(요미우리문학상), 『근대회화』(노마문예상), 『모토오리 노리나가』(일본문학대상) 등이 있다. 번역서로는 랭보의 『지옥의 계절』, 발레리의 『테스트 씨』 등이 있다.

옮긴이 유은경은 도쿄외국어대학 대학원에서 석사학위를 받고 주오대학 대학원에서 박사과정을 수료했다. 대구가톨릭대학교 일문과 교수로 재직 중에 일본문학 소개를 위해 『일본의 근대소설』, 『일본의 현대소설』, 『고바야시 히데오 평론집』 등을 번역했고, 이후 소설 번역에 힘썼다. 『취한 배』, 『도련님』, 『문』, 『마음』 등을 번역했고, 저서로는 『유래로 배우는 일본어 관용구』, 『소설 번역 이렇게 하자』 등이 있다. 현재 대구가톨릭대학교 명예교수이다.

옮긴이 이재창은 서울대학교 아시아언어문명학부에서 학사와 석사학위를 받고, 도쿄대학 대학원에서 언어정보과학 전공 박사과정에 재학하고 있다. 현재는 전후문학 속에 나타난 천황 및 천황제 표현사에 대해 연구하고 있다.

비평가의 책 읽기

고바야시 히데오
유은경, 이재창 옮김

초판 1쇄 발행 2025년 1월 25일

펴낸곳 미행
전화 070-4045-7249
인쇄 제책 영신사

출판등록 제2020-000047호
메일 mihaenghouse@gmail.com

ISBN 979-11-92004-26-6 03800

"DOKUSHONITSUITE" by Hideo Kobayashi
Copyright © 2013 Haruko Shirasu

All rights reserved.
Originally published in Japan in 2013 by CHUOKORON-SHINSHA, INC.

Korean Edition © 2025 Mihaeng House

This Korean edition is published by arrangement with CHUOKORON-SHINSHA, INC., Tokyo in care of Tuttle-Mori Agency, Inc., Tokyo, through AMO AGENCY, Republic of Korea.

이 책의 한국어판 저작권은 AMO에이전시를 통해 저작권자와 독점 계약한 미행에 있습니다.
저작권법에 의해 한국 내에서 보호를 받는 저작물이므로 무단 전재와 무단 복제를 금합니다.